Ditadura, a cumplicidade da Volkswagen e a resistência dos trabalhadores

Associação Heinrich Plagge

Ditadura, a cumplicidade da Volkswagen e a resistência dos trabalhadores

Trabalhadores contra a ditadura – Luta e resistência

1964 - 2024 60 anos Golpe – Democracia sempre

alameda

Edição: Haroldo Ceravolo Sereza e Joana Monteleone
Projeto gráfico, diagramação e capa: Ana Júlia Ribeiro
Assistente acadêmica: Tamara Santos
Revisão: Alexandra Colontini
Imagem da capa: Greve de metalúrgicos de 1980 – polícia reprime piquete de trabalhadores na portaria da Volkswagen. São Bernardo do Campo, SP, Brasil, de Jesus Carlos (www.jesuscarlosimagens.com)
Organização e pesquisas documental e iconográfica: Rosana Gonçalves
Entrevistas, pesquisa documental, redação e texto final: Solange do Espírito Santo e Gonzaga do Monte

CIP-BRASIL. CATALOGAÇÃO-NA-FONTE
SINDICATO NACIONAL DOS EDITORES DE LIVROS, RJ

A868d

Associação Heinrich Plagge
Ditadura, a cumplicidade da Volkswagen e a resistência dos trabalhadores / Associação Heinrich Plagge ; [organização Rosana Gonçalves, Solange do Espírito Santo, Gonzaga do Monte]. - 1. ed. - São Paulo : Alameda, 2023.
256 p. ; 21 cm.

Inclui bibliografia
ISBN 978-65-5966-220-3

1. Volkswagen do Brasil - História. 2. Trabalhadores da indústria automobilística. 3. Ditadura civil-militar brasileira. 4. Repressão a trabalhadores. I. Gonçalves, Rosana. II. Santo, Solange do Espírito. III. Monte, Gonzaga do. IV. Título

23-86754 CDD: 331.8928292
CDU: 338.222:331.105.44

Gabriela Faray Ferreira Lopes - Bibliotecária - CRB-7/6643

ALAMEDA CASA EDITORIAL
Rua 13 de Maio, 353 – Bela Vista
CEP 01327-000 – São Paulo, SP
Tel. (11) 3012-2403
www.alamedaeditorial.com.br

Sumário

Parte II – 1968-1977

Brasil é amordaçado pelo AI-5, VW abre portões da fábrica para a prisão de trabalhadores e clamor pelo fim da ditadura é retomado

Parte III – 1978-1985

Metalúrgicos assumem protagonismo nas lutas sindicais e ajudam a pôr fim a 21 anos de ditadura. Na Volks, trabalhadores não se intimidam com perseguição e repressão

Parte IV – 1986-2014

Resquícios da ditadura persistem na economia e na sociedade; atrocidades do regime vêm à tona 50 anos depois do golpe

Parte V – 2015-agosto de 2020

Busca pela reparação das violações cometidas pela Volkswagen abre caminho inédito na Justiça brasileira

PARTE VI – Setembro de 2020-2022

Pela primeira vez na história, empresa assume responsabilidade por violações cometidas na ditadura e faz reparação a trabalhadores

APRESENTAÇÃO
Uma história registrada e honrada para sempre

A Associação Heinrich Plagge apresenta aqui o trabalho produzido pelos jornalistas Solange do Espírito Santo e Gonzaga do Monte. Este livro está baseado em entrevistas, ensaios acadêmicos, livros, notícias e pesquisas feitas por ambos e por Rosana Gonçalves em documentação de arquivos públicos.

O conteúdo mostra a luta de um pequeno grupo de trabalhadores da Volkswagen que viajaram no tempo e na história de décadas passadas vividas por eles e suas famílias nos duros anos que se abateram sobre o país a partir de 1964, persistiram por longo tempo e que, ainda hoje, marcam com cicatrizes a sociedade brasileira.

A publicação traz um resgate quase perdido de um período no qual documentos foram garimpados em suas próprias gavetas, em arquivos públicos, jornais, lembranças, centros de memória; enfim, na história do Brasil real.

Mostra ainda que as peças foram se juntando como em um quebra-cabeças e ganhando forma jurídica para se transformar na denúncia feita aos Ministérios Públicos de crimes praticados pelo regime ditatorial em conjunto com a multinacional alemã Volkswagen.

Passaram-se sete anos desde as primeiras mobilizações de velhos companheiros e familiares de alguns que já não estavam entre nós. Os primeiros passos foram de enfrentamento até se estabelecer a mesa de diálogo, na busca do entendimento que levasse ao primeiro acordo com a participação de três Ministérios Públicos

(Federal, do Estado de São Paulo e do Trabalho), da Volkswagen e da Associação Heinrich Plagge, esta última formada pelo grupo de trabalhadores.

Mesmo que alguns de nós e familiares não acreditassem no sucesso da reparação e nem que a empresa assumisse sua participação na perseguição política perpetrada pelo regime militar, o desfecho desta luta ocorreu graças à persistência e determinação dos trabalhadores e dos procuradores dos MPs, com a colaboração de sindicalistas do ABC e da Alemanha. O resultado gerou um acordo inédito no Brasil, com grande repercussão internacional e que se tornou referência na busca pela Justiça de Transição e, consequentemente, de memória, verdade, justiça e reparação em nosso país.

Todo o percurso percorrido para que se chegasse ao acordo é relatado neste livro para que a história destes trabalhadores fique registrada e seja honrada. Boa leitura!

Diretoria da Associação Heinrich Plagge

PREFÁCIO

Exemplo de resistência que fica registrado na história

O livro da Associação Heinrich Plagge (AHP) nos convida a uma viagem ao passado, mais especificamente ao período da ditadura militar. Em certa medida, a história dos horrores e do arbítrio daqueles 21 anos já foi retratada em várias obras. Mas o que torna esta especial é o fato de nos oferecer uma dimensão consistente e verdadeira do que aconteceu com os trabalhadores na época, mais especificamente os da Volkswagen do Brasil. Mostra – também de forma aprofundada – a colaboração ativa da filial da montadora alemã com regime implantado após o golpe civil-militar de 1964. E, de maneira inédita, tudo isso é relatado sob a perspectiva de quem sofreu na pele, em seu ambiente de trabalho, as consequências dos métodos empregados pelos órgãos de repressão do regime para tentar calar a voz ao menor sinal de discordância.

Particularmente, com este livro relembrei a perseguição sofrida por vários trabalhadores que conheci na fábrica – cujos relatos estão registrados aqui – e as dificuldades enfrentadas depois de demitidos, por terem seus nomes adicionados às "listas sujas" preparadas pela Volks e enviadas a outras empresas e a departamentos de polícia. Fui testemunha de inúmeros casos enquanto metalúrgico na Volks, onde fui admitido em julho de 1978, dois meses depois da deflagração da greve na Scania – que foi o estopim para que, a partir do ano seguinte, os metalúrgicos do ABC mudassem os rumos do sindicalismo brasileiro e fossem decisivos para a retomada da democracia em nosso país em 1985.

No meu caso específico, só não fui um dos dispensados naqueles anos das grandes greves por ter sido escolhido pelos companheiros de fábrica para mandatos como cipeiro e, a partir de 1984, como diretor do Sindicato dos Metalúrgicos do ABC, o qual tive a honra de presidir entre 1996 e 2003 e de viver, em 2001, uma grande vitória, quando, pela primeira vez na história de nossa categoria, um dirigente sindical brasileiro se reuniu com a direção mundial da montadora para reverter a decisão da filial em demitir 3.000 trabalhadores. Saí de lá com o acordo feito.

Esse resultado só foi possível graças à determinação dos metalúrgicos na Volkswagen, demonstrada na época e que, com certeza, teve como exemplo as lutas empreendidas para romper as difíceis barreiras da repressão nos anos da ditadura, como o episódio da prisão e da tortura de trabalhadores dentro da fábrica, em 1972, por agentes dos órgãos do governo com a conivência da empresa, narradas em detalhes aqui.

Este é outro mérito desta obra: revelar a intensa colaboração da Volkswagen com a ditadura militar e os métodos por ela utilizados para reprimir e tentar impedir os trabalhadores de reivindicarem melhores salários e condições de trabalho, trazendo inúmeros exemplos de um esquema que reproduzia no chão de fábrica os mesmos métodos utilizados pelos órgãos de segurança para manter o controle social. Ao longo da obra, os leitores verão que, em um ambiente hierarquizado e autoritário, os seguranças da empresa circulavam ostensivamente pelas seções – em esquema que contava ainda com policiais disfarçados de operários – e que o departamento de segurança industrial, majoritariamente composto por pessoas oriundas das Forças Armadas, replicava o ambiente e os procedimentos de uma delegacia de polícia, inclusive com elaboração de "boletins de ocorrência" que eram enviados posteriormente aos órgãos de segurança do Estado.

Em suma, o livro apresenta a real história vivida pelos trabalhadores desde a instalação da montadora no Brasil em 1953 –

respaldado em entrevistas e pesquisas realizadas pelos jornalistas Gonzaga do Monte e Solange do Espírito Santo e levantamento documental feito pela pesquisadora Rosana Gonçalves –, e deixa registrado todo o percurso percorrido para que, de maneira inédita, um agente privado (neste caso, a Volkswagen) fosse objeto de inquérito civil e responsabilizado por suas ações repressivas e colaboracionistas com os militares, a partir de denúncia do Fórum dos Trabalhadores e Trabalhadoras por Verdade, Justiça e Reparação. Graças à luta dos trabalhadores vitimados e da disposição demonstrada por procuradores, com a decisiva colaboração do Sindicato dos Metalúrgicos do ABC e do Comitê Mundial de Trabalhadores na montadora, a Volkswagen assinou, em 2021, o Termo de Ajustamento de Conduta (TAC) com os Ministérios Públicos Federal, do Estado de São Paulo e do Trabalho e com a AHP, reconhecendo as violações cometidas na ditadura.

Por fim, aproveito para parabenizar a Associação Heinrich Plagge e todos os envolvidos por sua inestimável contribuição para que o direito à verdade, à memória, à justiça e à reparação seja efetivamente cumprido em nosso país e seja também um exemplo de resistência a todo sistema autoritário e da reafirmação do estado democrático em sua plenitude.

Boa leitura!

Luiz Marinho
Ministro do Trabalho

Sobre a produção deste livro

Produzir este trabalho foi, de certa maneira, revisitar histórias que vivenciamos como jornalistas, a primeira parte delas na cobertura das greves e movimentos do ABC para a chamada "grande imprensa" e a outra acompanhando o dia a dia da categoria metalúrgica quando trabalhamos na comunicação do Sindicato dos Metalúrgicos do ABC, nas décadas de 1980 e 1990.

O desafio de contar o caso da colaboração ativa da Volkswagen com o regime militar nos foi proposto pela Associação Heinrich Plagge e pelo próprio Sindicato. O trabalho começou no final de 2019, quando já ocorriam as primeiras negociações dos Ministérios Públicos (Federal, do Estado de São Paulo e do Trabalho) e da representação dos trabalhadores com a empresa, na busca de um acordo que encerrasse o inédito inquérito civil aberto pouco mais de três anos antes para apurar a colaboração da montadora com os órgãos repressivos do governo militar.

Para a confecção deste livro, a premissa adotada foi ter como principais personagens os próprios trabalhadores. A ideia original era a de que ele fosse concluído ainda em 2020, mas fomos pegos no contrapé pela pandemia do coronavírus (que inclusive levou Vilmo Franchi, diretor da Associação), com as idas e vindas da empresa nas negociações e, depois de assinado o Termo de Ajustamento de Conduta (TAC), com os prazos legais para a análise da documentação, incluindo recursos, e, finalmente, o pagamento das reparações aos trabalhadores perseguidos ou familiares dos que já haviam falecido. Todos esses trâmites foram encerrados em julho de 2022.

O atraso no cronograma original, contudo, tornou possível constatar a evolução do trabalho do Centro de Antropologia e Arqueologia Forense da Universidade Federal de São Paulo, que, com parte dos recursos oriundos do TAC, deu início à investigação da colaboração de outras empresas com os órgãos de repressão da ditadura. Tornou possível ainda assistir à vitória eleitoral da democracia e das forças progressistas depois de quatro anos de um governo defensor do regime militar e de seus algozes.

Assim, durante os pouco mais de três anos envolvidos com a produção desta obra, além das entrevistas com os principais atores do processo, pudemos aprofundar ainda mais a pesquisa. Isso fez com que todo o caso VW, contado aqui de modo cronológico, pudesse ser mais bem contextualizado – desde a chegada da montadora de veículos no Brasil, a criação do Sindicato dos Metalúrgicos de São Bernardo do Campo e Diadema e a evolução de sua atuação, a conjuntura do país em cada período, até a divulgação do relatório da Comissão Nacional da Verdade em dezembro de 2014 – propulsor para a abertura do inquérito contra a multinacional alemã junto com a documentação encontrada nos arquivos públicos no período seguinte – e todo o percurso feito para que se chegasse ao TAC.

De nossa parte, esperamos ter contribuído para que o objetivo da Associação Heinrich Plagge fosse alcançado: registrar em livro esse funesto período e seu desfecho inédito sob a perspectiva dos metalúrgicos que foram vítimas do arbítrio e da repressão. Esperamos que esses trabalhadores se vejam e também enxerguem tantos outros milhares de anônimos como protagonistas da História (com H maiúsculo mesmo) e das inúmeras batalhas que empreenderam – e empreendem – para que a liberdade, a democracia, a verdade e a justiça prevaleçam no Brasil e no mundo.

Solange do Espírito Santo e Gonzaga do Monte

***

Para viabilizar esta obra, tivemos a inestimável colaboração de algumas pessoas e instituições a quem fazemos questão de agradecer: Cinthia Fanin, Patrícia Moya e equipe do Centro de Memória, Pesquisa e Informação (Cempi) do Sindicato dos Metalúrgicos do ABC; funcionários do Arquivo Público do Estado de São Paulo; diretoria do Sindicato dos Metalúrgicos do ABC; diretoria, funcionários e assessores da Associação Heinrich Plagge; trabalhadores perseguidos e seus familiares.

PRÓLOGO

Caso VW mostra que é possível fazer valer a Justiça de Transição no Brasil

Verdade, memória, reparação, justiça e reformas institucionais para assegurar a democracia. Estes são os pilares que norteiam o conceito de Justiça de Transição. Utilizado para denominar ações efetivas logo após regimes ditatoriais ou aqueles que suprimiram e violaram direitos humanos, no caso brasileiro o termo ganhou nova conotação após o desfecho do caso Volkswagen, objeto do presente livro.

Depois de quase quatro décadas do fim da ditadura militar no Brasil, este foi o primeiro resultado envolvendo um agente privado que firmou um acordo extrajudicial de reparação pelos atos colaboracionistas e repressivos que praticou no regime de exceção imposto ao país entre 1964 e 1985. O acordo, por meio de um Termo de Ajustamento de Conduta (TAC), pôs fim ao processo que durava cinco anos e, em certa medida, cumpre o pilar que norteia a Justiça de Transição ignorado no Brasil desde o golpe militar: processar judicialmente os responsáveis por violações aos direitos humanos cometidas durante a ditadura.

Além da profusão de provas e de vários testemunhos, a ação inédita no país só foi possível pelo fato de a Lei de Anistia, que impediu a punição de agentes do Estado por crimes e violações aos direitos humanos praticados durante o período, não prever o mesmo tratamento aos colaboradores civis do regime.

A lei, editada em 28 de agosto de 1979 sob nº 6.683, ainda no governo militar, não foi revista depois da redemocratização, o que colocou o Brasil numa situação bem diferente da dos países vizinhos que se utilizaram dos mecanismos da Justiça de Transição para investigar, julgar e punir os responsáveis por prisões arbitrárias, torturas, assassinatos e desaparecimentos forçados perpetrados em suas ditaduras.

"No Brasil, o processo de transição para a democracia não levou adiante nenhum dos objetivos que dizem respeito à Justiça de Transição. Pelo contrário, através da Lei de Anistia [...], os militares buscaram interditar qualquer medida no sentido de remexer no passado, e as alianças políticas que permitiram uma 'transição segura', pelo alto, deixaram de fora da agenda política naquele momento questões relativas às violações de direitos humanos durante a ditadura militar", recordou o historiador João Teófilo, em artigo veiculado no portal *Café História.*[1]

Por esse motivo, a Anistia acabou sendo considerada pela maioria das vítimas como uma lei de "esquecimento" e o tema Justiça de Transição foi jogado para "debaixo do tapete" das instituições. Os cidadãos perseguidos, presos, torturados e familiares dos mortos e desaparecidos não puderam ver seus algozes julgados e condenados quando o país restabeleceu a democracia, embora os preceitos internacionais de instituições como a Comissão de Direitos Humanos da Organização das Nações Unidas e a Corte Interamericana de Direitos Humanos indicassem e validassem parâmetros para isso.

Nos anos seguintes à redemocratização alguns passos foram dados para que a Justiça de Transição pudesse ser aplicada, ainda que parcialmente, com a criação, em 1995, da Comissão Especial sobre Mortos e Desaparecidos Políticos, e, em 2002, da Comissão Nacional de Anistia, a partir de determinações oriundas da Constituição

1 TEÓFILO, João. Justiça de Transição: origem e desenvolvimento do termo. *Café História*, Brasília, 07 de maio de 2018.

de 1988. Com isso, o Estado passou a reconhecer as violações e assumiu a reparação financeira a vítimas do regime. Mais tarde, em 2014, foi concluído o trabalho da Comissão Nacional da Verdade, instalada três anos antes, que trouxe à tona detalhes sobre as violações cometidas contra cidadãos que se opuseram ao regime militar e formulou uma série de recomendações para que o Brasil – a exemplo de outros países – se adequasse, de fato, à Justiça de Transição, à reconciliação nacional e ao Estado Democrático de Direito.

A maioria das recomendações feitas pela CNV não foram adotadas, ainda mais porque a democracia no país passou a sofrer duros golpes, desde o *impeachment* da presidenta Dilma Rousseff, em 2016, que culminaram com a eleição, dois anos depois, de Jair Bolsonaro, defensor ferrenho da ditadura e das ações perpetradas pelos militares naquele regime.

E foi durante o seu governo que, além dos ataques constantes ao Estado Democrático de Direito e aos direitos humanos, o país começou a viver com intensidade o que Eneá de Stutz e Almeida, professora de Direito da Universidade de Brasília (UnB), denominou de "Justiça de Transição reversa", no livro *A transição brasileira – memória, verdade, reparação e justiça (1979-2021).*[2] Com vários exemplos, Eneá demonstrou o retrocesso imposto pelo governo Bolsonaro, principalmente com a mudança do escopo e na análise da Comissão de Anistia, que negou sistematicamente os pedidos de reparação aos perseguidos pelo regime militar desde que foi migrada do Ministério da Justiça para o Ministério da Mulher, Família e Direitos Humanos, cujo objetivo foi também esvaziar conselhos de participação popular focados em direitos sociais.

---

2 ALMEIDA, Eneá de Stutz e. *A transição brasileira* – memória, verdade, reparação e justiça (1979-2021). Salvador: Soffia10 Editora, 2022, p. 48. Eneá foi nomeada presidente da Comissão de Anistia em janeiro de 2023, logo depois da posse do novo governo Lula. Ela já havia integrado esse colegiado entre 2009 e 2018.

Nesse contexto, o desfecho do caso Volkswagen ganhou ainda mais importância, pois todo o processo negocial entre os Ministérios Públicos Federal, do Estado de São Paulo e do Trabalho e representantes dos trabalhadores vitimados e da multinacional deu-se durante um governo que desferiu ferozes ataques às instituições, aos direitos humanos e às conquistas democráticas da sociedade nas décadas posteriores ao fim da ditadura.

O TAC assinado pela montadora abriu uma nova perspectiva para – além da memória, da verdade, de reparações e de reformas institucionais – buscar-se a via judicial e, desta forma, avançar para que a Justiça de Transição possa ser ampliada no Brasil.

É a oportunidade para descartar o discurso do "esquecimento" e para que se possa – com a derrota eleitoral do projeto de extrema direita em 2022 – aprofundar o Estado Democrático de Direito no país. Com o fracasso da extrema direita nessa eleição, o Brasil ganhou mais uma chance para prestar contas de seu passado, em nome da verdade, da memória, da justiça e da reparação.

PARTE I
1953-1967

A chegada da Volkswagen ao Brasil, a criação do Sindicato dos Metalúrgicos de São Bernardo do Campo e Diadema, o golpe civil-militar e a "legalização" da ditadura

1. A mão empresarial (e da Volkswagen) por trás do golpe civil-militar em 1964

Em 16 de abril de 1964, exatos 16 dias após o golpe civil-militar no Brasil, o presidente da Volkswagen no país, Friedrich Schultz-Wenk, enviou uma longa carta ao presidente mundial da montadora, Heinrich Nordhoff, narrando com entusiasmo a tomada do poder pelas Forças Armadas – o que levaria a nação a viver 21 anos sob o regime de exceção.

Na correspondência, Schultz-Wenk elogiou "a organização da revolta, que havia sido extremamente bem-preparada, considerando a situação local", e achou bem-vinda a prisão de líderes sindicais e supostos comunistas. "Atualmente, está acontecendo uma perseguição como nem sequer tivemos na Alemanha em 1933", contou ele na carta, ao comparar, sem demonstrar qualquer repulsa, os atos praticados pelo novo governo brasileiro ao primeiro ano do nazismo alemão.

Além de cassar direitos políticos de parlamentares, governadores, três ex-presidentes, demitir e processar mais de 40 mil funcionários públicos, o governo militar prendeu e torturou cerca de 20 mil pessoas nos primeiros dias de abril de 1964.[1] Elas foram mantidas por semanas – e até meses – em campos de concentração improvisados em estádios e clubes, como Caio Martins (Niterói/RJ), Clube Ypiranga (Macaé/RJ) e Esporte Clube Comerciários

1 CESAR, Janaina; CAVASSA, Caroline. Documento inédito mostra que o número de presos nos primeiros dias do golpe de 64 pode ser quatro vezes maior. *The Intercept Brasil*, 30 de mar. de 2019.

(Criciúma/SC), ou em porões de navios (Raul Soares, em Santos/SP, Princesa Leopoldina, na baia da Guanabara, e Canopus, em Rio Grande/RS).[2] Essa ação foi batizada de *Operação Limpeza*, cujo início talvez tenha sido o fato comparado pelo presidente da VW Brasil às ações da Alemanha nazista na década de 1930.

Tentando frear o entusiasmo demonstrado por Schultz-Wenk, na resposta à carta o presidente mundial da companhia pediu que ele não assumisse publicamente o apoio ao regime militar e "se abstivesse de qualquer ação que criasse um vínculo forte com o governo atual".

Essas informações sobre a troca de correspondências constam do estudo *A Volkswagen do Brasil durante a ditadura militar 1964-1985: uma abordagem histórica,* contratado pela matriz alemã da empresa mais de 50 anos após o golpe. O trabalho foi feito pelo historiador Christopher Kopper, da Universidade de Bielefeld, e foi encomendado pela montadora dois anos depois que vieram à tona as violações que a filial brasileira cometeu contra trabalhadores durante a ditadura civil-militar, a partir da divulgação do relatório final da Comissão Nacional da Verdade, em 2014 (sobre os dois assuntos ver os capítulos 20 e 18, respectivamente).

A orientação passada por Nordhoff ao colega no Brasil, no entanto, ignorava o fato de que a filial brasileira já havia participado da articulação do golpe, ao lado de corporações empresariais nacionais e estrangeiras de todos os segmentos econômicos.

A Volkswagen tinha representantes no Instituto de Pesquisas e Estudos Sociais (IPES), entidade fundada em 1961, logo após João Goulart assumir a presidência da República. O IPES reunia empresários, políticos conservadores e membros da alta hierarquia das Forças Armadas e tinha o objetivo de desestabilizar o governo federal, principalmente por meio de campanhas publicitárias, para garantir

2 A VIOLÊNCIA do golpe. *Memorial da Democracia.*

a implantação do modelo econômico que defendiam. Sob o manto de uma sociedade sem fins lucrativos, a entidade funcionou como centro de conspiração contra Jango, conseguindo, inclusive, articular os principais órgãos de imprensa no país na estratégia golpista.

Mas não foi apenas no IPES que a chamada elite econômica conspirou contra Goulart. Matéria do jornal *Folha de S. Paulo*, veiculada em 1º de junho de 2014, trouxe à tona documentos da Escola Superior de Guerra (ESG) mostrando que empresários ligados à Federação das Indústrias do Estado de São Paulo (Fiesp) se engajaram fortemente nos preparativos do golpe.[3]

Os documentos são transcrições de palestras de dirigentes da Fiesp feitas na ESG e revelam que, para implantar o regime militar, os empresários, além de se articularem de forma organizada em 1963, contribuíram na época com veículos, equipamentos e vários tipos de produtos, inclusive remédios, para as Forças Armadas, num total estimado em R$ 10 milhões (em valores de 2021).

O braço paulista da conspiração empresarial para depor Goulart teve a participação ativa de representantes de inúmeros segmentos. No dia 31 de março de 1964, véspera do golpe, nada menos que 53 indústrias nacionais e estrangeiras sediadas em São Paulo prestaram algum tipo de colaboração às Forças Armadas.[4] Entre elas, estavam empresas nacionais – como a Duratex, a Souza Cruz e a Eucatex – e multinacionais, entre elas a Esso, a Texaco e a Volkswagen do Brasil.

---

3 MENDONÇA, Ricardo. Papéis de militares expõem atuação da Fiesp no golpe de 64. *Folha de S. Paulo*, 01 de jun. de 2014. Esses documentos foram anteriormente localizados pelos pesquisadores Joana Monteleone, Haroldo Ceravolo Sereza, Rodolfo Machado, Vitor Sion e Felipe Amorim, que apresentaram relatórios subsidiários para a Comissão Nacional da Verdade. Posteriormente, eles publicaram o livro *À espera da Verdade*: histórias de civis que fizeram a ditadura militar. Alameda, 2016.

4 RELATÓRIO: textos temáticos. *Comissão Nacional da Verdade*, Brasília, 2014, v. 2, p. 321 e 322.

A presença de representantes de corporações estrangeiras nos bastidores do golpe tinha, sob a ótica dos negócios, um ponto sensível: a limitação da remessa de lucros ao exterior pelas multinacionais prevista nas reformas de base adotadas por João Goulart. Para o empresariado, o presidente mostrava-se também uma pedra no sapato por outras medidas, como as reformas agrária, tributária, eleitoral e educacional e projetos para a ampliação de direitos trabalhistas. As propostas de Jango contavam com o apoio de trabalhadores e suas entidades de classe abrigadas no Comando Geral dos Trabalhadores (CGT), organização intersindical criada em 1962, que comandou greves e lutava por reformas de base no país.

A "legalização" do regime

Logo depois de instalada a ditadura, o presidente escolhido pelos militares, general Humberto de Alencar Castelo Branco, prestou contas à elite empresarial que apoiou o golpe e, submisso aos interesses dos Estados Unidos – país que ajudou a articular a derrubada de Goulart –, revogou a lei de remessas de lucros ao exterior, o decreto de desapropriação de terras para a reforma agrária e a nacionalização de refinarias privadas.

Além disso, focou a primeira fase do regime na sua "legalização", com a edição de uma nova Constituição (a de 1967), garantindo a condução do Brasil pela via de decretos-leis e atos institucionais. O AI-2, de 1965, extinguiu os partidos políticos e determinou a criação de apenas dois: o governista Aliança Renovadora Nacional (Arena) e o Movimento Democrático Brasileiro (MDB), de "oposição responsável".

Aprofundando a perseguição às vozes dissonantes do regime, o mesmo Ato transferiu para a Justiça Militar os julgamentos de civis e reafirmou a cassação e suspensão dos direitos políticos. A lógica adotada pelos militares e seus apoiadores era a de que valeria tudo para combater aqueles que consideravam "subversivos", e o aparato repressivo perseguiu, prendeu, torturou e matou cidadãos tidos como comunistas ou simpatizantes do comunismo.

Várias polícias políticas e órgãos de informação foram ativados para reprimir com truculência quem ousasse agir e até pensar diferente. Os Departamentos de Ordem Política e Social (DOPS) – criados nos anos 1920 e 1930 em vários estados para controle dos movimentos reivindicatórios, principalmente os de operários – foram um dos principais braços da ditadura, a exemplo do papel que já haviam exercido durante o Estado Novo (1937-45).

O Serviço Federal de Informações e Contrainformações (SFICI), implantado no governo Juscelino Kubistchek (1956-1961), foi transformado no Serviço Nacional de Informações (SNI), para se dedicar à coleta de dados sobre os opositores. Outros órgãos tiveram esse mesmo papel, como o Centro de Informações da Aeronáutica (CISA), o Centro de Informações do Exército (CIE) e o Centro de Informações da Marinha (Cenimar).

Com a ação dos serviços de inteligência – articulados com os DOPS (Departamento Estadual de Ordem Política e Social) da Polícia Civil – e apoio empresarial, os militares muniram-se de todas as condições para perseguir, torturar e matar aqueles que combatiam o regime, particularmente os grupos que se envolveram na luta armada.

2. A instalação e a estruturação da Volkswagen no Brasil

Em 1964, a Volkswagen já era uma das maiores empresas no país, com mais de 10 mil funcionários na fábrica inaugurada em São Bernardo do Campo (SP) em 29 de novembro de 1959.

A construção da planta no ABC paulista foi estimulada pela política de incentivos fiscal, cambial e de crédito, estabelecida no Plano de Metas do governo de Juscelino Kubitschek para o desenvolvimento econômico do Brasil, cujo foco, no caso da indústria automobilística, era atrair o capital estrangeiro. O objetivo era ter até 1960 uma produção quase que completamente nacional – de no mínimo 95% –, com a substituição da importação de autopeças e de veículos prontos.

Para estabelecer as diretrizes e as condições para a instalação das montadoras de veículos no Brasil, em 1956 foi criado o Grupo Executivo da Indústria Automobilística (Geia). Assim, entre 1956 e 1960, o setor automobilístico recebeu a maior parte dos 363 milhões de dólares dos investimentos externos, sendo que 43,4% desse total vieram dos Estados Unidos e 18,7%, da Alemanha.[1]

A Volks já estava presente no país desde 1953, instalada no bairro do Ipiranga, na capital paulista, onde, em associação com o

1 CAPUTO, Ana Cláudia; MELO, Hildete P. A industrialização brasileira nos anos 1950: uma análise da instrução 113 da Sumoc. *Estudos Econômicos*, Universidade de São Paulo, v. 39, n. 3, 2009.

grupo Brasmotor, produzia o Fusca e a Kombi a partir de kits com 100% de peças importadas da matriz, tornando-se, na época, a primeira fábrica do grupo fora da Alemanha.

Em 1954, após rescisão contratual com a Brasmotor, a assembleia de sócios decidiu investir cinco milhões de marcos alemães para ter uma montadora própria no Brasil e, no ano seguinte, fundou a Volkswagen do Brasil Sociedade Anônima, que assumiu a fábrica. O grupo nacional Monteiro Aranha, por sua inserção no meio industrial e contatos com o governo, foi escolhido como sócio minoritário nessa fase, com 20% das ações da companhia (participação menor que os 25% necessários para contestar as decisões da empresa).

No ano seguinte, a VW comprou o terreno em São Bernardo do Campo para implantar sua nova unidade. A política de industrialização de Kubitschek acabou sendo o estímulo ideal para que a empresa investisse, de fato, na construção de uma fábrica completa em território brasileiro. A decisão foi bem-vinda pelo governo JK, que queria diversificar o capital estrangeiro no setor, até então nas mãos dos grupos estadunidenses GM, Ford e Chrysler. No entanto, o crescimento da Volks no mercado só viria ocorrer depois da inauguração da planta no ABC. No período de 1953 a 1957, a produção da companhia mostrou-se insípida: foram montados apenas 2.268 Fuscas e 552 Kombis.

Ainda com a unidade de São Bernardo do Campo em construção, em setembro de 1957 a Volkswagen já começou a produzir a Kombi com metade das peças e componentes fabricados no Brasil; o Fusca foi lançado em janeiro de 1959. A fábrica completa ficou pronta meses depois e foi inaugurada em novembro, com a presença de Juscelino Kubitschek e do presidente mundial da Volks, Heinrich Nordhoff.

Com a produção do Fusca e da Kombi, a montadora não decepcionou a expectativa do governo, quebrou a hegemonia das montadoras estadunidenses e alavancou o setor automobilístico. Em 1967, o quadro de fabricantes de veículos foi reduzido, quando a Volks comprou a Vemag e a Chrysler, e a Ford, a Willys. Em poucos anos, a Volkswagen tornou-se líder no mercado de veículos e o grande responsável foi o Fusca, um modelo de baixo custo e mais econômico que os concorrentes da GM e da Ford, que eram maiores, mais pesados e mais caros, inclusive na manutenção.

Alemães no comando da fábrica

Desde que se instalou no Brasil em 1953 e até o final dos anos 1980, a VW sempre teve alemães em seu alto escalão e em postos-chave das gerências. A exceção era nos departamentos Jurídico e de Recursos Humanos, ocupados por brasileiros pela necessidade de dominar a legislação nacional, o mercado de trabalho e as normas trabalhistas. Esses cargos ficaram nas mãos de pessoas indicadas pelo grupo Monteiro Aranha.

Ao montar o corpo diretivo da primeira filial, Heinrich Nordhoff escolheu como presidente o amigo Friedrich Schultz-Wenk, que fora filiado ao partido nazista (NSDAP) e tinha sido oficial da Marinha durante a Segunda Guerra Mundial. Ambos conheceram-se nos primeiros anos do pós-guerra e continuaram amigos, mesmo depois de Schultz-Wenk ter emigrado para o Brasil em 1949.

O ex-oficial da Marinha naturalizou-se brasileiro, mas, apesar disso, não mostrava domínio do idioma português e não via com bons olhos o povo do país que escolhera para viver. De acordo com o historiador Christopher Kopper, na troca de correspondências com o amigo Nordhoff, o já presidente da filial Schultz-Wenk expressava opinião negativa sobre a capacidade de organização dos brasileiros, mas elogiava a facilidade de aprendizado dos imigrantes, muitas vezes analfabetos, revelando uma sensação de superioridade colonialista. Essa opinião foi reforçada na carta enviada logo depois do golpe de 1964.

Friedrich presidiu a Volkswagen do Brasil entre 1954 e 1969, ano em que faleceu. Ao longo desse período, demonstrou disposição para ser um diplomata da empresa e mantinha relações com todas as pessoas importantes do país, entre ministros, generais, governadores, banqueiros. "Aqui, a gente só vai em frente se tiver amigos influentes", afirmou em entrevista à revista alemã *Stern*, em 1966. A mesma reportagem relatou: "Ele (Schulz-Wenk) conhece todos e não tem quem não o conheça. Não há ministro de Estado alemão em visita oficial que não sente à sua mesa, ou ministro do Brasil que não tenha estado em sua casa".[2]

Schulz-Wenk manteve estreitas ligações com Juscelino Kubitschek no período em que a matriz resolveu instalar a sua fábrica no país. Com a eleição de João Goulart, afastou-se do poder central quando, para combater o governo, a Volkswagen no Brasil somou-se ao Instituto de Pesquisas e Estudos Sociais ao lado de representantes de outros segmentos do empresariado e das altas patentes militares.

Depois do golpe civil-militar, a empresa passou a integrar também o Grupo Permanente de Mobilização Industrial (GPMI) da Fiesp, de apoio à ditadura, que se tornou um grande parceiro dos militares, particularmente na repressão a qualquer tipo de mobilização de trabalhadores.

Nazista estrutura Departamento de Segurança Industrial

O controle das atividades dos operários na montadora estava a cargo do Departamento de Segurança Industrial. Ele foi criado em abril de 1959 com 39 guardas, todos funcionários civis e sem experiência na área, de acordo com Sérgio Guidotti, policial militar do 2º Batalhão contratado como segurança em 1971.[3] O

---

2 SHARP, Bob. Hallo, Senhor Volkswagen. *Revista Stern*, Alemanha, 16 de out. de 1966.

3 MINGARDI, Guaracy. A participação da indústria paulista na repressão política – o caso Volkswagen. *Ministério Público Federal*, set. de 2017, p. 22.

responsável pelo departamento era o general Alcides de Castro e sua estruturação ficou a cargo do austríaco Franz Paul Stangl, um criminoso nazista que havia fugido da prisão ao final da Segunda Guerra Mundial e que foi responsável pelo extermínio de cerca de 900 mil pessoas no comando dos campos de concentração de Sobibor e Treblinka, na Polônia, durante o 3º Reich.

Stangl levou para o chão da fábrica o lema "desenvolvimento com segurança", adotado pela ditadura, impedindo a organização dos trabalhadores num contexto de cooperação entre o empresariado e o governo, fazendo com que as práticas nazistas servissem aos propósitos da aliança com os militares. A repressão era útil tanto para a Volkswagen quanto para o governo, confundindo-se a esfera privada com a pública, com a justificativa de que as questões de segurança patrimonial e de recursos humanos, de ordem privada, fossem tratadas como próprias à manutenção da ordem pública, social e política no país.[4]

Esses conceitos propiciaram a criação de um padrão de monitoramento, controle e repressão bastante complexo na montadora, envolvendo as divisões de recursos humanos e de segurança patrimonial, que estavam articuladas com a aliança empresarial-policial destinada a conter, disciplinar e calar os metalúrgicos, tanto para obter maior produtividade quanto para inibir manifestações por melhores salários e condições de trabalho. A aliança estendeu-se durante todo o período da ditadura para manter a ordem no chão de fábrica com a repressão aos trabalhadores considerados "agitadores" e "subversivos".

Stangl foi contratado em 1959 e permaneceu na Volks até ser descoberto por denúncia do caçador de nazistas Simon Wiesenthal, em 1967. Preso, foi extraditado para a Alemanha e conde-

---

4 RELATÓRIO: textos temáticos. *Comissão Nacional da Verdade*, Brasília, 2014, v. 2, p. 321 e 322.

nado à prisão perpétua. O ex-presidente do Grupo Volkswagen, Carl Hahn, que na época ocupava um cargo no conselho fiscal da montadora no Brasil, disse que não havia informações sobre a história de Stangl. "Nós não sabíamos de cor os nomes dos comandantes dos campos de concentração", argumentou, comentando ser normal que "as pessoas vindas da Alemanha fossem admitidas na montadora".[5]

Segundo o historiador Felipe Cittolin Abal, "o trabalho de Franz Stangl foi similar durante a Segunda Guerra Mundial e a ditadura militar brasileira: priorizar a produção e os interesses do governo em detrimento das vidas de indivíduos. Para o austríaco, era mais importante a produtividade da Volkswagen e seus laços com a ditadura do que as vidas dos trabalhadores que seriam entregues à repressão".[6]

---

5 DODT, Stefanie; ADERS, Thomas. *Komplizen? (Cúmplices?) – A Volkswagen e a ditadura militar brasileira.* NDR – TV pública, Alemanha, 2017.

6 ABAL, Felipe C. Um nazista na Volkswagen do Brasil: Franz Stangl e a cooperação entre militares e industriais durante a ditadura militar brasileira. *Dimensões*, revista de História da Universidade Federal do Espírito Santo, 2017, v. 38.

3. Movimento sindical sufocado e salários achatados

Quando os militares tomaram o poder no Brasil, uma das primeiras medidas foi a prisão de líderes dos trabalhadores e a intervenção em entidades sindicais, atitudes elogiadas por Friedrich Schultz-Wenk na citada carta enviada ao presidente da VW na Alemanha.

Logo depois do golpe, "o governo interveio em 67% das confederações, em 42% das federações e em apenas 19% dos sindicatos. Organizações sindicais de bancários e trabalhadores em transportes figuraram de modo proeminente nas greves políticas, entre 1960 e 1964, e foram atingidas com maior intensidade, proporcionalmente, que os outros setores. E, significativamente, os grandes sindicatos sofreram mais que os pequenos: o Ministério interveio em 70% dos sindicatos com mais de 5.000 membros; em 38% dos com 1.000 a 5.000 membros; e em apenas 19% daqueles com menos de 1.000 membros.[1]

As entidades passaram a ser administradas por pessoas nomeadas pelo governo, que imprimiram uma gestão assistencialista, acabando com qualquer resquício de luta dos sindicatos por melhores salário e condições de trabalho. As greves praticamente cessaram. De acordo com levantamento do portal *Memorial da Democracia*,

---

1 ERICKSON, Kenneth Paul. *Sindicalismo no Processo Político do Brasil.* São Paulo: Brasiliense, 1979, p. 209. Todas as entidades sindicais que sofreram intervenção foram de trabalhadores.

em 1963 haviam sido registradas 302 paralisações. Em 1965 foram 25 e, no ano seguinte, apenas 15.[2]

O Sindicato dos Metalúrgicos de São Bernardo do Campo e Diadema, em cuja base está a Volkswagen, foi um dos atingidos pelo golpe e ficou nas mãos do interventor Clemiltre Guedes da Silva, sindicalista que havia perdido as eleições realizadas em 1963 para a direção do Sindicato dos Metalúrgicos de São Paulo. Ele permaneceu no cargo até abril de 1965, quando foi eleita a nova direção, encabeçada por Afonso Monteiro da Cruz, com a difícil tarefa de atender às insatisfações da categoria, que exigia reajuste dos salários, mas ao mesmo tempo tendo de se adequar às determinações do governo militar, que considerava o aumento salarial um abalo à política econômica e, mais que isso, uma ameaça à doutrina de segurança nacional, assim como outras reivindicações.

Construindo a representação sindical e a consciência classista

À época do golpe, a entidade dos metalúrgicos tinha, oficialmente, pouco menos de três anos de reconhecimento legal. Até 1959, os trabalhadores de São Bernardo do Campo e Diadema eram representados pelo então Sindicato dos Metalúrgicos do ABC, que englobava todos os municípios da região.

Com o aumento da base em São Bernardo, impulsionado pela instalação das montadoras a partir da segunda metade dos anos 1950 – Willys, Mercedes-Benz e, por último, a Volks –, ativistas sindicais da categoria deram início a um movimento para criar sua própria representação, e, de forma mais próxima aos trabalhadores. Boa parte da linha de frente dessa militância era vinculada ao Partido Comunista Brasileiro, o PCB.

Assim, meses antes da inauguração da fábrica da VW, foi criada a Associação dos Metalúrgicos de São Bernardo do Campo e Dia-

---

2 A DITADURA contra os trabalhadores. *Memorial da Democracia*.

dema, em maio de 1959, composta por dez membros, todos comunistas. Em agosto do ano seguinte, a entidade transformou-se em sindicato, e o pedido de registro enquanto tal foi encaminhado ao Ministério do Trabalho, que o reconheceu sete meses depois, em abril de 1961.

Toda sorte de dificuldades foi enfrentada pela nova entidade. Além da perseguição aos ativistas nas fábricas – com a demissão daqueles que se sindicalizavam –, existiam outros inimigos, como a ala conservadora da igreja católica, políticos, o Departamento Estadual de Ordem Política e Social (DOPS) e a delegacia da cidade.

Mesmo assim, o Sindicato procurava conscientizar os operários enquanto classe. Tarefa árdua, já que parte considerável deles era de imigrantes nordestinos oriundos da área rural, com pouca ou nenhuma escolarização e que, com salário fixo, registro em carteira profissional e refeições nas fábricas, sentiam-se até "privilegiados", dadas as condições de vida que tinham em seus estados de origem, como a fome, a seca e a falta de trabalho.

Em que pesassem as adversidades, além das campanhas salariais, o Sindicato dos Metalúrgicos de São Bernardo do Campo e Diadema incorporou a campanha contra a carestia e a luta pelo abono de Natal (ainda não regulamentado em lei como 13º salário, o que só ocorreria em 1962). Também incorporou em sua agenda campanhas nacionalistas, entre elas "O petróleo é nosso".

Em 1961, a reivindicação de abono de Natal equivalente a 240 horas de trabalho foi atendida na íntegra por três montadoras: Simca, Mercedes-Benz e Willys. A Volkswagen pagou abono de 160 horas, a Scania e a Vemag pagaram 200 horas, e a Ford, 100 horas. Uma vitória considerável, uma vez que as empresas resistiam em reconhecer a entidade como representante da categoria e tinham um grande esquema para inibir a mobilização no chão das fábricas.

Nas montadoras, os departamentos de segurança eram coordenados por militares ou policiais brasileiros, que supervisionavam os trabalhadores com a ajuda dos chefes, além dos delatores, vigias, detetives e policiais infiltrados, a exemplo do que viria acontecer mais tarde na ditadura civil-militar no Brasil. A Volkswagen era conhecida pela eficácia da segurança, disciplina e supervisão germânicas, tentando manter os trabalhadores distantes de sua entidade de classe.

Ditadura proibiu greves, arrochou salários e aumentou desigualdade social

Quando os militares deram o golpe, o país estava passando por um período recessivo e com altos índices inflacionários. Assim, além de reprimir mobilizações de trabalhadores, o novo governo tinha a pretensão de "colocar a economia nos eixos", baixando a inflação, reduzindo o desemprego e imprimindo uma nova fase de desenvolvimento.

Entre abril de 1964 e novembro de 1966, entraram em vigor 838 leis, 5.685 decretos-leis, três atos institucionais, 24 atos complementares, 41 resoluções do Banco Central, 476 regulamentos e 99 circulares do Ministério da Fazenda para, de acordo com o governo, combater a inflação, reequilibrar o balanço de pagamentos e criar as bases de um desenvolvimento econômico de longo prazo. Essas mudanças alteraram profundamente a condução da política econômica, com o governo posicionando-se de forma clara ao lado do capital; o poder de compra dos salários foi corroído e ao longo de todo o período da ditadura essa filosofia esteve presente.

Para inibir qualquer mobilização por salários ou condições de trabalho, já no início do governo militar entrou em vigor a lei antigreve (Lei 4.330/64), com uma série de normas e requisitos que inviabilizariam a paralisação por direitos trabalhistas nas empresas.

Em sua tese de doutorado pela Universidade de Campinas (Unicamp), o economista Edmilson Silva Costa avaliou: "Consumou-se uma política de Estado consciente, articulada e contumaz, que a ferro e fogo buscou continuadamente depreciar o preço da força de trabalho e, assim, incrementar a taxa de lucro dos grandes grupos econômicos da cidade e do campo, como forma de aceleração do processo de acumulação, tendo como resultado a ampliação das desigualdades e da exclusão social".[3]

"Após 1964, e especialmente 1968, o Brasil transformou-se no 'paraíso' das multinacionais. A partir daí era preciso implantar aqui as condições por estas exigidas para a exploração intensiva, absoluta e total da classe operária", afirmaram o doutor em Ciências Humanas Luiz Flávio Rainho e o sindicalista Osvaldo Martines Bargas no livro *As lutas operárias e sindicais dos metalúrgicos em São Bernardo*.[4]

Não foi à-toa que o presidente da Volkswagen no Brasil, Friederich Schultz-Wenk, sentindo-se protegido pela repressão do regime militar e pelo esquema rígido de controle de sua segurança industrial, declarou na já citada entrevista à revista alemã *Stern* em 1966: "Aqui, eu sou o próprio Sindicato". A afirmação foi reforçada na mesma matéria por João Corduan, diretor de relações públicas da companhia: "Não há greves e, se alguém iniciar uma greve, será demitido".

Em 1967, com a prisão e a deportação do fugitivo nazista que era o estrategista do Departamento de Segurança Industrial da montadora, a Volkswagen do Brasil decidiu deixar no comando do setor o general Alcides de Castro, contratado em 1959 e que ficou na empresa por dez anos, até se aposentar.

---

3 COSTA, Edmilson. *A política salarial no Brasil, 1964-1985: 21 anos de arrocho salarial e acumulação predatória*. 1996, 128 f. Tese (Doutorado em Economia) – Faculdade de Economia da Universidade de Campinas. Campinas, 1996, p. 23.

4 RAINHO, Luiz Flávio e BARGAS, Osvaldo Martines. *As lutas operárias e sindicais dos metalúrgicos de São Bernardo*. São Bernardo do Campo: Editora FG, 1983, p. 20.

Não há qualquer registro de relações do departamento com a polícia política e os órgãos de repressão nesse período, mas o esquema de fiscalização e controle trabalhista dos quase 19 mil funcionários que tinha à época continuava sufocando toda e qualquer atitude que considerava de rebeldia no chão da fábrica da VW.

Enquanto isso, a mão de ferro do governo preparava mais um duro golpe, que faria com que o país mergulhasse no período denominado "anos de chumbo", a partir da edição do Ato Institucional nº 5 em dezembro de 1968, em resposta à crescente insatisfação popular.

Alexander Gronow

Fábrica da Volkswagen começou a ser construída em São Bernardo do Campo em 1956. Dois anos depois, mesmo que ainda em obras, a montadora deu início no local à produção da Kombi. A fábrica foi inaugurada oficialmente em novembro de 1959

Acervo Centro de Memória de São Bernardo do Campo

Linha de produção do Fusca em 1964, quando a empresa já empregava 10 mil trabalhadores na unidade

PARTE II
1968-1977

Brasil é amordaçado pelo AI-5,
VW abre portões da fábrica para a prisão
de trabalhadores e clamor pelo fim
da ditadura é retomado

4. Quatro anos depois do golpe, insatisfação popular cresce; greves e manifestações são retomadas

No dia 16 de abril de 1968, 1.200 metalúrgicos na Belgo-Mineira, em Contagem (MG), cruzaram os braços reivindicando 25% de reajuste salarial. Era a primeira grande greve depois do golpe e o movimento surpreendeu o governo. O protesto tinha fundamento: de 1964 a 1967, o salário mínimo havia sofrido perda de 35%, e a remuneração média dos trabalhadores teve uma corrosão de 20% em função das leis que arrochavam os salários.

Três dias após o início do protesto na Belgo-Mineira, a paralisação alastrou-se para outras empresas da região, com a adesão dos operários na Mannesmann, RCA e SBE, entre outras, e para a unidade da Belgo em João Monlevade e a Acesita, no Vale do Aço.

Apesar do cerco militar na região de Contagem, o movimento durou 11 dias e terminou aparentemente derrotado, mas forçou o então presidente Artur da Costa e Silva a anunciar, dias depois, em 1º de maio, reajuste de 10% nos salários de toda a classe trabalhadora.

No entanto, a insatisfação com o regime opressivo era crescente e já se anunciava antes mesmo da mobilização em Minas Gerais. Em março, a classe artística havia feito greve de três dias contra a censura nos teatros de São Paulo e Rio de Janeiro e obteve amplo apoio popular. No dia 29 do mesmo mês, 50 mil pessoas foram às ruas acompanhar o cortejo fúnebre do secundarista Edson Luís de Lima Souto, morto à queima-roupa na véspera por militares no restaurante estudantil Calabouço, no Rio de Janeiro.

Foi o prenúncio da reação de vários setores da sociedade à ditadura, que culminou com a chamada Passeata dos Cem Mil na capital carioca, em 26 de junho, reunindo artistas, intelectuais, estudantes e religiosos.

No mês seguinte, diante do aumento da mobilização social, a ditadura proibiu a realização de manifestações. O governo avaliava que o Brasil vivia um processo adiantado de "guerra revolucionária", unindo oposição e comunismo.

Em São Bernardo do Campo, segundo o livro *Imagens da Luta: 1905-1985*, o único registro de movimento naquele ano foi na Ford-Willys, onde houve paralisação parcial de três dias e integral de um dia. A empresa já tinha sido alvo de mobilização nos dois anos anteriores, com greves de fome no setor de inspeção, da qual participaram cerca de 30% dos trabalhadores. Em 1968, quando a greve teve a adesão de todos os operários, a "fábrica acabou sendo invadida por tropas do II Exército, que sufocaram o movimento".[1]

No dia 16 de julho, foi a vez dos três mil metalúrgicos na Cobrasma, em Osasco (SP), cruzarem os braços e ocuparem a fábrica, exigindo 35% de reajuste salarial. O movimento, que durou três dias, se alastrou para outras seis grandes empresas da região e foi duramente reprimido. O Exército desocupou a Cobrasma e o saldo foi a prisão de 400 trabalhadores. Esta foi a última grande greve de 1968.

A mobilização popular, particularmente de estudantes, prosseguiu, mas todas as manifestações eram alvo da truculência do regime, com saldo de mortes e centenas de prisões. A área da cultura também foi atingida, com a invasão de teatros por militares e grupos paramilitares, como o autointitulado Comando de Caça aos Comunistas (CCC).

---

1 OLIVA, Aloízio Mercadante; RAINHO, Luis Flávio (orgs.). *Imagens da Luta: 1905-1985*. São Bernardo do Campo: Sindicato dos Metalúrgicos de São Bernardo do Campo e Diadema, 1987, p. 136. O livro não cita a data exata do movimento.

Diante desse cenário de insatisfação social, o regime militar afiou suas garras para silenciar o país com o Ato Institucional nº 5, promulgado em 13 de dezembro de 1968, que fechou o Congresso Nacional, impôs a censura prévia às artes e aos meios de comunicação e intensificou a repressão, com o aumento das prisões, torturas e mortes nos porões do aparato ditatorial.

O AI-5 também autorizou o presidente da República a intervir nos estados e municípios, a cassar mandatos eletivos e, por 10 anos, os direitos políticos de qualquer cidadão, além de suspender a garantia de *habeas-corpus.* A perseguição aos opositores mudou de foco e passou a ser dirigida a quem se posicionasse contra a ditadura. A liberdade foi suprimida de vez.

5. Repressão intensifica-se com a colaboração empresarial à OBAN e militares assumem controle total da segurança na Volks

Seis meses depois da edição do AI-5, em 1º de junho de 1969, nascia em São Paulo a Operação Bandeirantes (OBAN), grupamento semioficial que reunia oficiais do Exército e das polícias Militar e Civil e centralizava investigações para o desmantelamento de organizações de esquerda, transformando-se no mais sinistro centro de tortura da ditadura.

Segundo o portal *Memorial da Democracia*, "o órgão serviria de modelo para a posterior criação dos Destacamentos de Operações de Informação – Centros de Operações de Defesa Interna, os DOI-Codi. Eles substituiriam a OBAN em São Paulo e se converteriam em centros do terror do Estado no Rio de Janeiro, Recife, Brasília, Curitiba, Belo Horizonte, Salvador, Belém, Fortaleza e Porto Alegre".[1]

Para garantir seus objetivos, a OBAN contou com recursos financeiros e logísticos de um grupo de grandes empresas que, desde 1968, por meio da Federação das Indústrias de São Paulo, já vinha apoiando o combate aos opositores do regime. Entre as corporações que colaboraram constam Volkswagen, Ford, Bosch, General Motors, Scania, Mercedes-Benz, Brastemp, Bradesco, *Folha de S. Paulo* e Petrobras.

O general norte-americano Arthur Moura, em depoimento ao documentário *Cidadão Boilesen,* disse: "A chefia do Exército chegou à conclusão de que era o momento de apelar para o setor privado, principalmente para o [...] estrangeiro, para fazer [...]

1 NASCE a OBAN, braço da tortura em SP. *Memorial da Democracia.*

ver que também haveria um impacto nesses setores se as forças terroristas vencessem. [...] A tese era, 'hoje somos nós, amanhã poderão ser vocês, então nós precisamos de apoio, a fim de poder realizar as nossas missões eficazmente'. E esse apoio seria apoio financeiro, né?".[2] Moura era funcionário da Defense Intelligence Agency e adido militar no país. "Nos anos de chumbo ele foi o mais poderoso funcionário americano no Brasil".[3]

Matéria do jornalista José Casado, publicada em *O Globo* em março de 2013, reafirmou as informações: "Não há dados precisos, mas sabe-se que foi expressivo o fluxo de dinheiro para a repressão, a partir de coletas na Fiesp e em reuniões promovidas por Gastão de Bueno Vidigal (Banco Mercantil de São Paulo), João Batista Leopoldo Figueiredo (Itaú e Scania), Paulo Ayres Filho (Pinheiros Produtos Farmacêuticos) e o advogado Paulo Sawaia, entre outros. Empresas como Ultragaz, Ford, Volkswagen, Chrysler e Supergel auxiliaram também na infraestrutura, fornecendo carros blindados, caminhões e até refeições pré-cozidas".[4]

Departamento de Segurança da VW muda de comando e estreita relações com a polícia política

Enquanto o II Exército articulava a criação da OBAN, a Volkswagen trocava o comando de seu Departamento de Segurança Industrial. Para o lugar do general Alcides de Castro – que se aposentou em 1969 – foi contratado o coronel Adhemar Rudge, na época ainda major. Ele já havia sido diretor da Polícia Federal no estado da Guanabara e assessor do Ministério da Justiça, o que mostrava sua afinidade com a chamada "comunidade de informações".

---

2 LITEWSKI, Chaim. *Cidadão Boilesen*. Documentário, 2009.

3 GASPARI, Elio. O baú dos americanos. *O Globo*, Rio de Janeiro, 15 de jul. de 2015.

4 CASADO, José. O elo da Fiesp com o porão da ditadura. *O Globo*, Rio de Janeiro, 09 de mar. de 2013.

Durante o tempo em que o general Alcides de Castro ficou na empresa, entre 1959 e 1969, nos arquivos que guardam documentos sobre a repressão do regime militar não há registros de ações truculentas da Volks e nem de relacionamento com a polícia política e seus órgãos. Com a troca de comando, isso mudou.

Adhemar Rudge estruturou sua equipe com pessoas oriundas das Forças Armadas, e o Departamento de Segurança, essencialmente militarizado, passou a colaborar com o sistema repressivo, com intensa troca de informações com o Departamento de Ordem Política e Social (DOPS) e o Serviço Nacional de Informações (SNI). A cúpula do departamento na VW era formada por ex-militares: o assessor direto de Rudge era o major Eugênio Ramos; o supervisor de segurança, Paulo Roberto Carvalho, conhecido como tenente Carvalho, oriundo do Exército; o terceiro na hierarquia, Jorge Camargo Mayer, era ex-militar da Aeronáutica. Além deles, havia o major Eugênio Martins Ramos, que não constava da relação de funcionários, mas foi apontado como o segundo no comando do departamento, respondendo apenas ao coronel Rudge.

Nos documentos localizados no Arquivo do Estado de São Paulo pela Comissão Nacional da Verdade,[5] Ramos é apresentado, junto com Rudge, como responsável pelo setor. Ele havia sido aluno da Escola Superior de Guerra e passou pela Escola Nacional de Informações. Por seu perfil discreto, "talvez fosse o homem de confiança das informações da diretoria", avaliou Guaracy Mingardi, cientista político e especialista em segurança pública, em pesquisa feita para o Ministério Público Federal em 2017.[6]

---

5 INFORME nº 88/119/ASP/80. *Agência de São Paulo do Serviço Nacional de Informações.* O documento relaciona os chefes dos serviços de segurança das principais indústrias do ABCD.

6 MINGARDI, Guaracy. A participação da indústria paulista na repressão política – o caso Volkswagen. *Ministério Público Federal*, set. de 2017, p. 32.

A política de bom relacionamento com o aparato repressivo levou a Volkswagen a colaborar com os militares, ao lado dos outros grupos econômicos, num ambiente recíproco: "Se de um lado o governo não desejava permitir a ação dos agitadores subversivos dentro das fábricas, de outro os patrões intentavam impedir qualquer movimento dos trabalhadores que reduzissem a produtividade".[7]

A nova postura da Volks nas relações com o regime militar já era sentida desde 1968, quando Kurt Lotz assumiu a presidência mundial da companhia. Enquanto o ex-presidente Heinrich Nordhoff – falecido em abril daquele ano – recomendava certa cautela à direção da filial logo depois do golpe, Lotz manteve contato estreito com o alto escalão do governo brasileiro, inclusive os presidentes. Durante sua permanência no cargo, fez ao menos uma viagem anual ao Brasil, a primeira delas em julho de 1968, quando se reuniu com o então ministro da Indústria e Comércio, general Edmundo de Macedo Soares, e elogiou a política econômica do governo brasileiro por permitir o desenvolvimento de investimentos privados no Brasil. Indiferente às denúncias da ocorrência de prisões e torturas no Brasil feitas pelos jornais e revistas alemãs nos chamados "ano de chumbo", ele aceitou, em março de 1970, o título de cidadão emérito da cidade de São Paulo. Lotz ficou no cargo até 1971.[8]

Assim, as mudanças no Departamento de Segurança Industrial da empresa pareceram ser reflexos dessa nova postura da direção mundial e também depois do falecimento de Friedrich Shultz-Wenk e a ascensão de Rudolph Leiding à presidência da filial, que permaneceu no posto até 1973, à presidência da filial.

---

7 ABAL, Felipe C. Um nazista na Volkswagen do Brasil: Franz Stangl e a cooperação entre militares e industriais durante a ditadura militar brasileira. *Dimensões*, revista de História da Universidade Federal do Espírito Santo, 2017, v. 38, p. 240.

8 KOPPER, Christopher. *A VW do Brasil durante a ditadura militar brasileira 1964-1985: uma abordagem histórica.* Bielefeld: Universidade de Bielefeld, 2017. p. 27 a 29.

Troca de informações aumenta e agentes entram na VW para tentar capturar trabalhador

Com o recrudescimento do regime, a aliança empresarial-policial passou a ver a resistência operária como uma forma de subversão política a ser enfrentada com violência, em nome da defesa da segurança pública e do desenvolvimento nacional. A Volkswagen e as grandes empresas adotaram diversas táticas para reprimir os movimentos dos trabalhadores, com demissões por participação em assembleias, filiação aos sindicatos ou por ação dentro de suas instalações, e usavam um sistema de controle e vigilância formado por delatores no chão de fábrica e pela infiltração de policiais e agentes patronais nas linhas de produção.

O primeiro documento revelando a cooperação do Departamento de Segurança Industrial da Volks com os órgãos de repressão é de junho de 1969, logo depois da criação da OBAN. Comunicação enviada ao serviço secreto da Aeronáutica – que depois a remeteu ao DOPS – informava sobre folhetos encontrados na fábrica convocando greve para reivindicar reajuste de 45%.[9]

No segundo semestre do mesmo ano, a segurança industrial encontrou nos vestiários e nas escadarias da empresa um jornal intitulado *O Ferramenta,*[10] classificado como subversivo apesar de seu teor predominantemente trabalhista. O coronel Rudge enviou uma comunicação em papel timbrado da empresa ao agente João Rodrigues, da Polícia Federal, relatando a apreensão de exemplares do jornal.

No documento estão anexadas quatro fichas funcionais, com fotos e nomes, com uma observação de Rudge: "elementos que presumo terem ligação com a distribuição do jornal". Essa presunção revelou a falta de apuro na obtenção de provas, o que propiciou espaço para ilações: José Miguel foi relacionado como

9 PASTA 50-D-007-1393. *Arquivo Público do Estado de São Paulo.*

10 PASTA 50-Z-30-828. *Arquivo Público do Estado de São Paulo.*

suspeito por ter sido observado distribuindo panfleto considerado esquerdista; André Inamorato Pardo foi citado depois que a segurança encontrou panfletos na área em que trabalhava; Genézio Floriano Alves, por ter avisado que iria contar a um jornal o que sentia na fábrica; e Idalécio Custódio da Silva, pelo fato de um agente da segurança ter encontrado em sua pasta exemplares do boletim *O Macacão*, feito pela oposição à diretoria do sindicato defendendo a realização de greve contra o arrocho salarial e estimulando os trabalhadores a derrubarem a ditadura.

O eletricista eletrônico José Miguel foi demitido em dezembro de 1969, e o DOPS, com as informações passadas pela Volkswagen, chegou até ele, que foi preso, respondeu inquérito por ser do grupo político Ala Vermelha e entrou na "lista suja". Apesar de ser um trabalhador ultraespecializado, ele não conseguiu mais emprego na área industrial. Foi o primeiro caso que se teve conhecimento na Volks da prática que adotou de relacionar trabalhadores "suspeitos" numa lista e enviá-la para outras empresas, que também faziam o mesmo e, com isso, evitar que fossem contratados (ver outros exemplos mais à frente).

"Desisti depois que procurei uma empresa que precisava de técnico em raio gama; queriam me admitir na hora. Voltei dias depois com toda a documentação e disseram que não iam dar emprego porque eu era militante político", relatou.[11] Com as portas fechadas, José Miguel decidiu mudar de área e foi trabalhar no setor televisivo.

A colaboração da montadora alemã com o aparato repressivo ficava cada vez mais estreita. "A Volkswagen atendia rapidamente a qualquer demanda nossa. Se eu estivesse procurando algum elemento suspeito, por exemplo, eles diziam onde eu podia encontrá-lo. Éramos muito próximos", atestou o delegado José Bonchristiano, chamado pelos colegas de "Mister Dops", em en-

11 Entrevista concedida à autora em 04/11/2022.

trevista a repórteres da TV NDR, SWR e do jornal *Süddeutsche Zeitung*. Ao final do trabalho investigativo – que resultou no documentário *Cúmplices?* –, os jornalistas concluíram: "A Volkswagen não foi apenas cúmplice, mas sim um ator da repressão".[12]

Outro exemplo da colaboração da montadora data de 18 de novembro de 1970, quando o lixador João Belmiro Araújo Duarte chegou para seu turno de trabalho (das 22h às 6h) no setor de pintura da montadora. Seu chefe o avisou que havia pessoas na empresa procurando por ele. Duarte deduziu que só poderiam ser os policiais do DOPS; foi ao vestiário, trocou de roupa, despistou os seguranças, pulou as correntes de proteção e, já na rua, escondeu-se num matagal próximo à Via Anchieta.

Ao amanhecer, pegou um ônibus para o Nordeste e só retornou a São Bernardo do Campo em 1979, com a Lei da Anistia. Depois da fuga, ficou sabendo que os policiais do DOPS, antes de irem à Volkswagen, foram procurá-lo em sua casa, em Diadema, para prendê-lo por distribuir jornais considerados subversivos, mas ele já havia saído para o trabalho.[13] Uma pergunta sempre ficou na cabeça de Duarte: quem teria informado seu endereço residencial à polícia política?

Na época, João Belmiro era membro do grupo de esquerda Ação Popular Marxista-Leninista (AP) e, antes de conseguir emprego na Volks – onde foi contratado em 15 de abril de 1970 –, tinha trabalhado em duas empresas em São Bernardo do Campo: Nakata e Ford.

---

12 DODT, Stefanie; ADERS, Thomas. *Komplizen? (Cúmplices?) – A Volkswagen e a ditadura militar brasileira. NDR* - TV pública, Alemanha, 2017. (Sobre o documentário, ver mais no capítulo 20)

13 GUILHERME, Guilherme e CUNHA, Marcela Coelho. *Porão de Fábrica, a colaboração da Volkswagen com a repressão durante a ditadura.* Livro-reportagem para o Trabalho de Conclusão do Curso de Jornalismo da Universidade Metodista de São Paulo. Edição dos autores, 2018, p. 57 a 59.

6. PCB monta estrutura na Volks e empresa intensifica colaboração com os órgãos repressivos

Quando o golpe civil-militar eclodiu, a grande maioria dos militantes de esquerda era vinculada ao Partido Comunista Brasileiro, que tinha presença expressiva nos movimentos sindical e estudantil. Mas, desde o início da década de 1960, outras organizações oriundas da fragmentação do PCB já despontavam no cenário da esquerda, embora o partido continuasse mantendo maior inserção nas entidades quando houve o golpe em 1964. A AP, grupo de João Belmiro, era uma delas e tinha sido criada em 1962.

Segundo o sociólogo e cientista político Emir Sader, com os militares no poder, "não houve praticamente resistência, até porque quase não havia setores da esquerda com organização militar e a maioria nem estava politicamente preparada para o golpe. A ocupação dos sindicatos, das sedes das entidades estudantis, das rádios, foi fulminante, deixando a esquerda sem ação e sem voz".[1]

Ao longo da ditadura, outros agrupamentos surgiram para resistir ao regime. Levantamento feito pela publicação *Brasil: Nunca Mais* e veiculado pelo Arquivo Nacional[2] apontou a existência de 44 organizações distintas atuando clandestinamente no período. A pesquisa foi feita com base nos processos políticos movidos na Justiça Militar e identificou 4.935 réus por "militância em orga-

---

1 SADER, Emir. A Esquerda e a ditadura. *Carta Maior*, 31 de mar. de 2014.

2 ORGANIZAÇÕES de esquerda. *Arquivo Nacional*, Brasília, 05 de set. de 2017.

nizações partidárias clandestinas". Desse total, 1.464 estariam envolvidos em ação armada.

Uma dessas organizações clandestinas era o PCB – colocado na ilegalidade desde 1947 –, que em 1967 realizou o seu 6º Congresso Nacional e definiu como linha de atuação a luta pela criação de uma frente ampla com todas as forças políticas que defendiam a volta da democracia. E, de forma enfática, o congresso posicionou-se contra a luta armada. Como saldo, vários militantes históricos contrários à resolução foram expulsos do partido e formaram outras organizações clandestinas, como a Aliança Libertadora Nacional (ALN) e o Partido Comunista Brasileiro Revolucionário (PCBR).[3]

A disputa de posições chegou à portaria das grandes empresas, onde os grupos distribuíam jornais aos trabalhadores. A mais visada era a Volkswagen, líder na produção de carros do país, que em 1970 havia atingido a marca de um milhão de carros vendidos e, dois anos depois, já com 28 mil funcionários, alcançou a mesma vendagem apenas com o Fusca.

Essa disputa pela conscientização dos metalúrgicos levou o PCB a se organizar para montar uma forte base na montadora, de modo a afastar as "influências negativas" dos agrupamentos que defendiam as ações armadas.

Em entrevista à autora, a historiadora Anita Prestes – filha de Olga Benário e Luís Carlos Prestes e que integrava os quadros do PCB – recordou que a decisão de investir na organização dentro das grandes empresas foi tomada no 6º Congresso e que ela foi designada para desenvolver o trabalho de educação e formação política. "O partido quase não tinha nada nas grandes empresas, e a Volks era uma exceção",[4] lembrou.

Carlos Niebel, codinome "Cid", escolhido para organizar o partido no interior da montadora, fez contatos com Lúcio Bellentani,

---

3 PCB fecha questão contra luta armada. *Memorial da Democracia.*

4 Entrevista concedida à autora em 30/06/2020.

o "Zico", e Heinrich Plagge, o "Conrado". Os objetivos, de acordo com Lúcio, eram planejar uma resistência social na empresa a partir de reivindicações por melhores condições de salários e de segurança no trabalho, atrair novos adeptos ao partido, obter fundos e aumentar o número de metalúrgicos sindicalizados. Bellentani era ferramenteiro, havia entrado para o PCB um mês e meio depois de ser admitido na montadora, em 1964, e passou a frequentar as reuniões que aconteciam nos finais de semana nas casas de membros do partido – em pequenos grupos, para não chamar a atenção: "Discutíamos questões sociais e políticas, o que a ditadura representava e a nossa falta de direitos".[5]

À autora, Anita Prestes, codinome "Alice", destacou o que a entusiasmou em relação aos militantes na Volks: "Primeiro, era uma base numa grande empresa; segundo porque, diferentemente de outras organizações de base do partido, era composta por pessoal jovem, com bom nível de escolaridade. Era a elite do operariado brasileiro na época e, por isso, esses metalúrgicos tinham condições de participar, de estudar. Era um grupo grande na Volks, com uns 40 trabalhadores".[6]

Bellentani conheceu Plagge em 1966, quando a direção central do partido pediu que ele levasse alguns contatos na casa de "Conrado", em São Bernardo do Campo. "Quando cheguei lá fiquei meio cismado em um primeiro momento. Ele era alemão, ocupava um cargo de chefia de alto grau. Mas foi assim que nossa amizade começou".[7]

---

5 GUILHERME, Guilherme e CUNHA, Marcela Coelho. *Porão de Fábrica, a colaboração da Volkswagen com a repressão durante a ditadura*. Livro-reportagem para o Trabalho de Conclusão do Curso de Jornalismo da Universidade Metodista de São Paulo. Edição dos autores, 2018, p. 47 e 48.

6 Entrevista concedida à autora em 30/06/2020.

7 GUILHERME, Guilherme e CUNHA, Marcela Coelho. *Porão de Fábrica, a colaboração da Volkswagen com a repressão durante a ditadura*. Livro-reportagem para o Trabalho de Conclusão do Curso de Jornalismo da Universidade Metodista de São Paulo. Edição dos autores, 2018, p. 50.

Como o trabalho de organização na fábrica exigiria a realização de encontros frequentes e com maior número de pessoas, em abril de 1971 Lúcio e Plagge alugaram uma casa em Praia Grande, na Baixada Santista, cidade turística na qual a presença de muitas pessoas não chamaria a atenção da vizinhança. Na primeira reunião, foram distribuídas as tarefas no interior da VW: Lúcio foi designado como secretário de agitação e propaganda; a Plagge coube a secretaria política; Annemarie Buschel assumiu a tesouraria, e Amauri Danhone ficou com a tarefa de arrecadar fundos com a venda do jornal *Voz Operária* e com a colaboração em dinheiro dos militantes e simpatizantes do partido.[8]

Lúcio criou o jornal *Zé Povinho* para denunciar os problemas internos da empresa e os desmandos da ditadura. Era em tamanho ofício dobrado ao meio, que ele mesmo mimeografava em casa, e tinha de 5 a 10 mil exemplares por edição. Para passar pelo rígido esquema de segurança na entrada da fábrica, os exemplares do jornal eram escondidos debaixo das marmitas dos militantes. A tarefa maior, no entanto, cabia a Plagge, já que, por ser chefe da sala da metrologia da fundição de bloco de motores, não era submetido à revista pelos agentes da segurança, conforme Lúcio recordou: "Como todas as peças da linha de montagem vinham via aérea, a gente pendurava o jornal nessa linha para passar na fábrica toda. Quando o segurança pegava, já estava rodando fazia tempo".[9] *Zé Povinho* também era deixado nos banheiros e vestiários.

Além das publicações do PCB, materiais de outras organizações também circulavam dentro da fábrica. Em dezembro de

---

8 Depoimento ao projeto *Brasil: Nunca Mais* (http://bnmdigital.mpf.mp.br), pasta BNM_568_STF41593 (2), p. 3.678.

9 GUILHERME, Guilherme e CUNHA, Marcela Coelho. *Porão de Fábrica, a colaboração da Volkswagen com a repressão durante a ditadura*. Livro-reportagem para o Trabalho de Conclusão do Curso de Jornalismo da Universidade Metodista de São Paulo. Edição dos autores, 2018, p. 55.

1970 a segurança interna encontrou o jornal *Unidade Operária*; em janeiro de 1971 foi apreendido o jornal *Luta Operária*. Pouco tempo depois foram apreendidos exemplares da *Voz Operária* com matéria comemorando o sucesso do "Plano de Construção [de bases] nas Empresas" naquela que era a maior corporação privada do país.

Essa apreensão desencadeou a Operação Escaninho, acertada entre a Volkswagen e o DOPS, com o objetivo de aumentar a vigilância sobre todo metalúrgico que tivesse material suspeito nos armários.

Em julho de 1971, o serviço secreto da Aeronáutica teve acesso a um documento de treinamento do PCB chamado *Como construir o partido em uma grande empresa*, que evidenciou a existência de uma organização do partido na Volkswagen desde 1968.

As investigações da polícia política sobre a militância dos metalúrgicos, a cargo do delegado Lúcio Vieira, sempre contaram com a colaboração da segurança industrial da montadora.

"Os comunicados do departamento de segurança sobre os folhetos e jornais ilegais encontrados ajudaram a polícia política a apurar informações sobre as atividades comunistas na VW, fechando o círculo dos suspeitos. [...] o departamento de segurança disponibilizou dados de 28 empregados da VW que eram investigados pela polícia", relatou o historiador Christopher Kopper em seu estudo.[10] Desde o ano anterior, o SNI sabia que pelo menos 32 metalúrgicos na montadora eram ligados ao PCB,[11] entre eles Lúcio Bellentani e Amauri Danhone.

10 KOPPER, Christopher. *A VW do Brasil durante a ditadura militar brasileira 1964-1985: uma abordagem histórica*. Bielefeld: Universidade de Bielefeld, 2017, p. 55.

11 PASTA 20-C-43-3651. *Arquivo Público do Estado de São Paulo*.

7. Polícia política entra na Volkswagen, prende e tortura trabalhadores

Em fevereiro de 1972, duas chapas disputaram a eleição para a diretoria do Sindicato dos Metalúrgicos de São Bernardo do Campo e Diadema. A de situação tinha à frente o já presidente da entidade Paulo Vidal (funcionário da Mollins) e o estreante Luiz Inácio da Silva (da Villares) concorrendo ao cargo de primeiro secretário. Os metalúrgicos na VW estavam representados nessa chapa com cinco nomes.

A chapa de oposição, da qual o PCB fazia parte, era encabeçada por Luciano Galache, trabalhador na Ford, e tinha seis funcionários da Volks, entre eles Amauri Danhone e Antonio Torini.[1] A chapa de situação venceu a eleição por 4.814 a 3.389 votos.[2]

Danhone era inspetor de qualidade da estamparia e em 28 de julho, uma sexta-feira, percorria setores da fábrica arrecadando dinheiro para pagar os fiscais daquela eleição. Ele estava havia dois anos na Volks e era delegado sindical junto à Federação Estadual dos Metalúrgicos de São Paulo, condição que lhe permitia livre trânsito na empresa.

Naquele dia, por volta das 16 horas, Danhone, codinome "Cláudio", foi abordado dentro da empresa pelo investigador de polícia Francisco Rosa, sem mandado judicial; recebeu voz de prisão e,

---

1 ELEIÇÕES: estas são as chapas concorrentes. *Tribuna Metalúrgica,* São Bernardo do Campo, jan. de 1972, n. 6, p. 6.

2 COM o resultado destas eleições todos os trabalhadores lucram. *Tribuna Metalúrgica,* São Bernardo do Campo, mar. de 1972, n. 8, p. 3.

antes de sair da seção, ergueu os braços algemados para mostrar aos colegas a sua detenção. Foi levado para o DOPS e interrogado pelo delegado Affonso Acra, responsável pela investigação da base do partido na empresa.

O delegado apresentou a ele uma lista com nomes e codinomes dos trabalhadores suspeitos de serem comunistas. "Sou apenas um sindicalista, nada tenho com a política", repetia. Como negava qualquer vínculo com o PCB, mesmo torturado com socos, choques elétricos e "telefones" (pancadas nos ouvidos), o delegado perdeu a paciência, pegou um cassetete e ameaçou: "Seu filho da puta, se você não contar tudo o que sabe vamos estraçalhar seus dedos de uma forma que você nunca mais vai voltar a trabalhar. Não adianta esconder, nós sabemos que você é um dos comunistas infiltrados na fábrica".[3] Danhone rendeu-se às pressões e torturas e contou como entrou para o PCB.

No mesmo dia 28 de julho, por volta das 23 horas, o ferramenteiro Lúcio Bellentani trabalhava em sua bancada quando sentiu um cano de metralhadora nas suas costas e ouviu um aviso: "Fica quieto e me acompanha".[4] Eram policiais do DOPS, que algemaram Lúcio e, na frente de todos, o levaram ao Departamento Pessoal. Distante uns 20 metros, o coronel Adhemar Rudge acompanhou a ação e, ao lado de seguranças da empresa, foi à sala onde estavam três policiais e Amauri Danhone, algemado, que tinha sido levado de volta à empresa depois de interrogado e torturado no DOPS.

Logo que Bellentani entrou passou a receber tapas no rosto: "A gente sabe que você conhece mais gente. Quem são os comunas? São quantos, filho da puta?". Diante da falta de resposta, o ferra-

---

3 GUILHERME, Guilherme e CUNHA, Marcela Coelho. *Porão de Fábrica, a colaboração da Volkswagen com a repressão durante a ditadura.* Livro-reportagem para o Trabalho de Conclusão do Curso de Jornalismo da Universidade Metodista de São Paulo. Edição dos autores, 2018, p. 24.

4 *Idem*, p. 27.

menteiro passou a ser agredido por socos e pontapés durante uma hora, mas negou-se a revelar os nomes dos camaradas da base. "Não sei do que estão falando, não tenho relação com o Partido Comunista e não conheço ninguém", repetia. Diante das negativas, foi levado ao DOPS num carro da polícia sem identificação, e Amauri foi em outra viatura.[5]

Já no DOPS, Lúcio foi interrogado e torturado pelo delegado Affonso Acra, e repetia que nada sabia sobre o PCB. No dia seguinte, foi interrogado pela equipe do delegado Sérgio Paranhos Fleury, conhecido pela sua brutalidade. Pendurado no "pau de arara",[6] recebeu pauladas nas mãos, pés e cabeça; na "cadeira do dragão" (uma espécie de cadeira elétrica) tomou choques. Como nada dizia de relevante, sempre negando sua participação no partido, passou a ser torturado diariamente.

De acordo com o depoimento de Bellentani à Comissão Estadual da Verdade de São Paulo[7] em 27 de fevereiro de 2015, Danhone não conhecia a base da Volks na sua totalidade, pois ela era organizada em pequenos grupos de seis pessoas: "Eu, apenas eu, tinha conhecimento de todos eles". Considerado um dos mais influentes operários do PCB ali preso, entre julho e outubro de 1972 Lúcio passou por acareação com 22 operários da Volkswagen, Mercedes-Benz e Motores Perkins, empresas também sediadas em São Bernardo do Campo. Em nenhum momento mostrou saber da militância deles no PCB.

---

5 GUILHERME, Guilherme e CUNHA, Marcela Coelho. *Porão de Fábrica, a colaboração da Volkswagen com a repressão durante a ditadura.* Livro-reportagem para o Trabalho de Conclusão do Curso de Jornalismo da Universidade Metodista de São Paulo. Edição dos autores, 2018, p. 20.

6 No "pau de arara", as pessoas ficam suspensas em uma barra de metal, que é colocada entre os punhos amarrados e os joelhos dobrados do torturado.

7 A Comissão Estadual da Verdade de São Paulo foi uma das mais de 300 criadas no Brasil para subsidiar o trabalho da Comissão Nacional da Verdade (sobre ela, ver mais nos Capítulos 18 e 19).

Danhone ficou incomunicável por 60 dias. Em interrogatório,[8] revelou que um tal de "Conrado", que trabalhava na seção da sala de medidas da Volkswagen, era um dos participantes mais influentes nas reuniões que ocorriam numa casa em Praia Grande, mais uma "mocinha loira" que trabalhava no escritório e seria a tesoureira da célula do PCB na empresa. "Conrado" era Heinrich Plagge, então com 33 anos, há 12 anos na empresa. A "moça loira" era a secretária dele, Annemarie Buschel, codinome "Marisa".

Logo depois da prisão de Danhone, o delegado Lúcio Vieira enviou ofício ao diretor do DOPS, em 7 de agosto de 1972, narrando o fato e mais uma vez revelando a estreita ligação com a segurança da Volkswagen: "Este departamento vem há muito procedendo a investigações tendo em vista a ação do PCB nas grandes empresas, o que, aliás, obedece a planos já elaborados. Tínhamos conhecimento que indústrias automobilísticas seriam visadas, entre elas a Volks, o que inclusive motivou um entrosamento entre esta direção e elementos de segurança da citada empresa".[9]

Prisões na fábrica continuam

A polícia política entrou mais vezes nas dependências da montadora para prender trabalhadores, em ações sempre acompanhadas pelo coronel Adhemar Rudge. O ferramenteiro Antonio Torini, o "Calixto", trabalhava no turno da noite e soube da prisão de Danhone e Bellentani no dia seguinte, um sábado. Pressentiu que seria um dos próximos. Além de pertencer ao PCB, ele tinha intensa atividade sindical. Até pensou em fugir, mas descartou a possibilidade para não deixar a esposa Livonete e os dois filhos pequenos, Wladimir, com quatro anos, e Keila, com dois anos.

---

8 PASTA 30-C-1-22485. *Arquivo Público do Estado de São Paulo.*

9 MINGARDI, Guaracy. A participação da indústria paulista na repressão política – o caso Volkswagen, p. 35. *Ministério Público Federal*, set. de 2017, p. 35.

Na dúvida, não foi trabalhar na segunda-feira, 1º de agosto, e na noite seguinte avisou a esposa antes de ir para a VW: "Se eu não aparecer amanhã de manhã é porque me prenderam; você deve ir todo dia ao DOPS perguntar se eu estou lá".[10] Torini foi preso durante a madrugada de 3 de agosto e ficou 22 dias incomunicável, passando por sessões de tortura diariamente.

Dias depois da prisão de Torini, Heinrich Plagge recebeu ligação de um colega da segurança industrial, que disse: "Vou conversar um assunto altamente secreto e superperigoso com você. Só responda sim ou não. Estamos à procura de um chefe de qualidade, mas sabemos que não é você. Ele foi identificado como parte de um grupo de subversão da fábrica. Você conhece alguém de sobrenome Conrado?".[11] Ao ouvir o codinome que usava no PCB, Plagge tentou manter a calma e respondeu: "Não tenho a mínima ideia, se souber eu aviso". Ao voltar para casa, avisou sua esposa Neide que poderia ser preso e, se não voltasse, certamente estaria no DOPS.

No dia 8 de agosto de 1972, por volta das 14 horas, Plagge foi chamado para falar com seu superior, o gerente Ruy Luiz Giometti. Ao deixar sua sala, não viu a secretária Annemarie em sua mesa e suspeitou que ela tinha sido presa, pois nunca saía de seu posto de trabalho. Entrou na sala de Giometti, que estava acompanhado por dois homens, que lhe disse: "Senhor 'Henrique', você está sendo procurado por esses cavalheiros; eles querem falar com você sobre atividades subversivas". Os desconhecidos deram-lhe voz de prisão e levaram-no ao DOPS.

"Enquanto isso, o Dr. Ruy dirigiu-se à minha residência para comunicar a minha família que eu havia viajado a serviço pela empresa. Minha esposa estranhou de eu viajar sem passar em casa e

10 Entrevista concedida à autora em 12/01/2020.

11 BALDOCCHI, Gabriel. A Volks e os anos de chumbo. *IstoÉ Dinheiro*, São Paulo, 15 de dez. de 2017.

preparar a bagagem; estranhou também o fato de o próprio gerente da empresa relatar minha ausência sem justificativa plausível".[12] Em depoimento de Heinrich Plagge constante de pesquisa de Guaracy Mingardi, ele garantiu: "A empresa participou ativamente da farsa montada pelo DOPS ao mentir para minha família".[13]

Chegando ao DOPS, Plagge foi levado à sala do delegado Affonso Acra. Primeiro, recebeu ameaças físicas e ofensas morais; depois passou a ser agredido na presença de Lúcio Bellentani, que dizia desconhecer qualquer envolvimento de Plagge com o PCB. Na sequência, foi levado a uma cela onde já estavam outras pessoas. À noite, passou a ser agredido fisicamente. Os policiais diziam que ele, universitário com cargo de chefia e bom salário, não poderia ter ideias subversivas.

Num determinado momento, os torturadores avaliaram que o resultado do interrogatório era insatisfatório e resolveram "apertar o serviço". Obrigaram Plagge a ficar nu e o colocaram no "pau de arara"; depois de três horas, passou a receber choques elétricos para que admitisse pertencer a partido subversivo e revelasse o nome de outros integrantes do PCB, mas ele dizia que nada sabia. "Depois de quatro horas de tortura, fui tirado do 'pau de arara', tendo de ser carregado e arrastado para o porão do DOPS e recolhido à mesma cela".[14]

Plagge não chegou a ver Annemarie Buschel, que já estava detida. Em seu depoimento já na fase judicial do processo, a secretária negou as acusações a ela atribuídas, argumentando que depois de ser presa durante o trabalho e levada ao DOPS acabou assinando todos os documentos que lhe apresentaram.[15]

---

12 BALDOCCHI, Gabriel. A Volks e os anos de chumbo. *IstoÉ Dinheiro*, São Paulo, 15 de dez. de 2017.

13 MINGARDI, Guaracy. A participação da indústria paulista na repressão política – o caso Volkswagen. *Ministério Público Federal*, set. de 2017, p. 37.

14 PASTA 30-C-1-22485. *Arquivo Público do Estado de São Paulo*.

15 MINGARDI, Guaracy. A participação da indústria paulista na repressão política – o caso Volkswagen. *Ministério Público Federal*, set. de 2017, p. 37.

Também em 8 de agosto os policiais prenderam o fresador Geraldo Castro Del Pozzo, o "Bernardo". "Estava trabalhando quando fui levado com a roupa do corpo por elementos da polícia que pediam que eu fosse ao DOPS em razão de um roubo na Volks. Chegando lá, eles começaram a perguntar sobre o Partido Comunista".[16]

Dos vários nomes a ele apresentados, informou que conhecia apenas Bellentani e Danhone, seus colegas de trabalho. Negou envolvimento com o PCB, dizendo que as reuniões com os metalúrgicos eram sobre problemas trabalhistas, e contou que as declarações no DOPS foram tomadas de forma violenta e que, por ser espanhol, sofreu ameaças de expatriação. Ficou 43 dias preso.

Vigilância reforçada e agentes infiltrados na fábrica

Depois das prisões dos comunistas, o Departamento de Segurança Industrial reforçou o nível de vigilância interna com a inserção de policiais disfarçados de operários. Um deles foi trabalhar na ala de ferramentaria de prensas, pouco tempo após a prisão de Lúcio Bellentani, e, por ser careca, ganhou o apelido de "Peruca". "Ele não enganou ninguém, ficava na bancada, mas não pegava no pesado, não fazia o serviço de ferramenteiro, ficava na enganação, e o chefe nem ligava", recordou Tarcísio Tadeu Garcia Pereira, que era operário do setor e trabalhou na Volkswagen entre 1969 e 1978. "O peão não é bobo, logo percebeu que o Peruca devia ser um policial disfarçado. Ele ficou lá pelo menos uns seis meses e depois foi embora", completou.[17]

O presidente da Volkswagen alemã, Rudolf Leidung, foi informado das prisões em 26 de setembro de 1972, em longo relatório enviado por Werner Schmidt, presidente da filial brasileira. O

16 MINGARDI, Guaracy. A participação da indústria paulista na repressão política – o caso Volkswagen. *Ministério Público Federal*, set. de 2017, p. 37.

17 Entrevista concedida à autora em 10/06/2020.

documento também abordava a situação política e econômica do país e informava sobre "a detenção de no mínimo cinco funcionários da VW do Brasil cuja participação em atividades subversivas (comunistas) pôde ser comprovada", mas nada falou sobre a participação dos agentes de segurança industrial nessas detenções e nem que elas haviam sido feitas dentro da empresa.[18]

Mesmo tendo uma relação de 32 nomes de trabalhadores que pertenceriam à célula do PCB na Volkswagen, os documentos localizados nos arquivos apontam que a repressão prendeu somente os seis. De acordo com o relatório encontrado no Serviço de Informações do Arquivo Nacional e produzido pelo DOPS de São Paulo a partir do depoimento de Amauri Danhone, outros quatro metalúrgicos foram ouvidos pelo órgão, na condição de testemunhas, e liberados sem indiciamento: Lamartine Caetano Batista, José dos Santos Neto, Rubens Veroneze e Alfonzo Miguel Garcia Martin. O relatório justificou que eles não foram processados "uma vez que foram aliciados por alguns dos indiciados [...] a fazerem parte de base do PCB que atuou no interior da Volkswagen do Brasil [...]. Desistiram em tempo dessas vinculações criminosas".[19]

Em setembro de 1972, Annemarie Buschel, Amauri Danhone, Geraldo Castro Del Pozzo e Antonio Torini, que estavam em prisão preventiva, ganharam a liberdade; Plagge foi transferido para o presídio Tiradentes no dia 17 de outubro e libertado em dezembro. Bellentani, o único que conhecia o nome de todos os participantes da base do partido na empresa e que nada falou nas

18 KOPPER, Christopher. *A VW do Brasil durante a ditadura militar brasileira 1964-1985: uma abordagem histórica.* Bielefeld: Universidade de Bielefeld, 2017, p. 56.

19 RELATÓRIO conclusivo sobre Amauri Danhone e outros. *Divisão de Segurança e Informação*, Ministério da Justiça, encaminhamento n. 105, 13 de mar. de 1973, p. 38 e 39. O sobrenome de Rubens aparece com três grafias diferentes no relatório (Veronese, Veronezi e Veroneze).

sessões de tortura, foi encaminhado ao presídio Tiradentes no dia 16 de outubro com apenas três dentes, já que os outros foram arrancados com alicate, e lá ficou até junho de 1973.

Ao final do processo em primeira instância, foram absolvidos por falta de provas, decisão da qual o Ministério Público recorreu. Todos eles foram demitidos da Volkswagen por recomendação do Departamento de Segurança pelo fato de "não serem confiáveis". A partir de então, por não ter conseguido desmontar a base do Partido Comunista dentro da fábrica – mesmo com os exemplos de brutalidade e tortura dos funcionários presos –, começa um novo ciclo: os órgãos de repressão e da empresa passam a usar de monitoramento e inteligência para mapear os suspeitos de qualquer envolvimento político.

As outras empresas da região também aumentaram a vigilância sobre os trabalhadores em ação conjunta com os agentes da repressão. E entre elas passaram a circular "listas sujas" com nomes que consideravam suspeitos, com o objetivo de impedir a contratação deles.

Depois de nova prisão e libertação, a luta por emprego

Em liberdade, Lúcio Bellentani mudou-se para Jacareí, no Vale do Paraíba, com a esposa e dois filhos. Conseguiu emprego na General Motors, em São José dos Campos, num momento em que os ferramenteiros eram bastante disputados pelas indústrias. Em entrevista para o Centro de Memória Sindical, em junho de 2019, recordou: "Pediram atestado de antecedentes, mas felizmente a burocracia no Brasil não é tão ágil; ele chegou cinco meses depois que já estava trabalhando. Me chamaram para conversar, mas levaram em conta o meu comportamento naquele período. Quando completou seis meses, pedi a conta e fui trabalhar na Ericsson".[20]

20 DEPOIMENTO de Lúcio Bellentani. *Centro de Memória Sindical*, 19 de jun. de 2019.

Fora da prisão, Plagge trabalhou, entre fevereiro de 1973 e julho de 1974, na Perticamps, na Trivelato e na Reifenhauser. Antonio Torini, Del Pozzo e Amauri Danhone, vítimas da "lista suja", não conseguiram emprego formal e passaram a viver de "bicos".

Em agosto de 1974, o Superior Tribunal Militar acatou o recurso do Ministério Público e condenou os seis metalúrgicos a dois anos de prisão. Ao saber da condenação, Bellentani deixou a Ericsson, onde estava havia dois anos, e entrou em contato com o advogado. "Ele me aconselhou a me apresentar, porque já havia puxado um ano de cana e tinha direito a condicional. [...] O juiz da segunda auditoria pega e coloca a questão que ele era incapacitado de julgar minha condicional, devido ao meu comportamento de não colaboração na época da prisão. [...] Acabei ficando mais oito meses".[21]

Depois de cumprir a pena, o ferramenteiro – talvez por ter uma profissão disputada pelas indústrias – não teve dificuldade em arrumar emprego, ao contrário dos outros. Foi recontratado pela Ericsson, em São José dos Campos, e lá ficou por dois anos, até 1977; em seguida, trabalhou na Siemens e, dois meses depois, foi admitido na Cofap, em Santo André, para ser demitido depois de participar das chamadas greves históricas do ABC.

Dessa vez, com o nome na "lista suja" dos ativistas sindicais, Bellentani passou em vários testes, mas não foi admitido, até que, em 1980, seu irmão o indicou para a ferramentaria da Ford Caminhões, instalada na capital paulista. Lá, no ano seguinte foi eleito para a CIPA (Comissão Interna de Prevenção de Acidentes) e, em 1983, liderou a criação da primeira Comissão de Fábrica na empresa.[22] Permaneceu na Ford por 17 anos até se aposentar, em 1997; depois envolveu-se nas lutas dos aposentados (ainda sobre ele, ver mais no capítulo 22).

---

21 DEPOIMENTO de Lúcio Bellentani. *Centro de Memória Sindical*, 19 de jun. de 2019.

22 *Idem.*

Uma semana depois da condenação, Danhone foi transferido do DOPS para o presídio do Hipódromo e lá ficou até março de 1975, quando retornou ao DOPS até cumprir toda sua pena. Nesse período, sua esposa Tarcília trabalhou como empregada doméstica, e a filha de 16 anos interrompeu os estudos para fazer "bicos". Em depoimento à Comissão da Verdade, Tarcília recordou: "Depois que saiu da prisão nunca mais conseguiu emprego formal e trabalhou fazendo 'bicos' em pequenas empresas. Ele contraiu cirrose hepática devido aos maus tratos, torturas e pancadas na região do fígado". Danhone faleceu em 23 de junho de 2009, aos 76 anos de idade.

São poucas as informações sobre Geraldo Del Pozzo e Annemarie Buschel depois de libertados. Ele teve seu nome relacionado nas "listas sujas" e, sem conseguir emprego na profissão, foi trabalhar como motorista de táxi. Ela, em liberdade, casou-se e foi morar no bairro Jabaquara, em São Paulo.

Antonio Torini ficou um ano no presídio do Hipódromo, de setembro de 1974 a setembro de 1975, e saiu em liberdade condicional. Com o nome na "lista suja", passou a fazer pequenos trabalhos até ser efetivado na Arteb, em 1985. Devido a um acidente doméstico nas férias de 1987, ficou com problemas crônicos nos pés, entrou de licença para tratamento, foi demitido pela empresa assim que retornou ao trabalho e, pouco tempo depois, acabou aposentado por invalidez. Faleceu de câncer em 1998, aos 57 anos de idade.

Heinrich Plagge permaneceu preso entre 2 de setembro de 1974 e 3 de junho de 1975. Em liberdade condicional, foi aprovado para trabalhar na Voith, mas na apresentação foi dispensado com desculpas evasivas. O mesmo aconteceu na Mercedes-Benz. Amigos na Voith avisaram-no que seu nome constava de uma lista que as empresas tinham de consultar para empregar pessoas. Em setembro de 1975, conseguiu trabalho na Eda Artefatos de Madeira por influência de colegas, para não quebrar o compromisso de arrumar trabalho em 60 dias depois da liberdade condicional, mas ficou pouco tempo na empresa. Tentou voltar a estudar, mas as dificuldades financeiras não permitiram. Sem conseguir emprego formal, passou a viver de "bicos".

VW também atuava no monitoramento fora da fábrica

A estreita colaboração do Departamento de Segurança Industrial com a polícia política não se encerrou com o episódio das prisões e prosseguiu nos anos seguintes. Vários documentos encontrados no Arquivo do Estado de São Paulo mostram, inclusive, que a empresa agia fora dos limites da fábrica. Um deles é um comunicado de Adhemar Rudge ao então presidente da filial, Wolfgang Sauer, datado de 9 de setembro de 1974, informando sobre a presença de cerca de 40 funcionários da fábrica II (antiga Vemag, instalada em São Paulo) numa reunião de campanha salarial realizada na sede do sindicato. No documento, Rudge informa, inclusive, que nenhum desses trabalhadores fez uso da palavra na reunião.[23]

---

23 PASTAS 50-Z-341-1135 a 1138. *Arquivo Público do Estado de São Paulo.*

8. Metalúrgicos de São Bernardo começam a reagir e "listas sujas" crescem

Ainda que o país vivesse a repressão mais contundente do regime militar com a colaboração empresarial, nos anos 1970 a insatisfação com os salários e as condições de trabalho era crescente entre os metalúrgicos de São Bernardo do Campo e Diadema. Já desde o início da década, o sindicato da categoria passou a se distinguir dos demais ao se desvincular da federação estadual – que comandava as campanhas salariais de todos os sindicatos de metalúrgicos – e a conduzir separadamente as negociações com o patronato. Essa postura fez com que a categoria apoiasse cada vez mais a entidade e aumentasse sua participação nas assembleias de campanha salarial.

Embalado pelo reconhecimento de sua base, em setembro de 1974 o Sindicato realizou o 1º Congresso dos Metalúrgicos de São Bernardo do Campo e Diadema, que definiu um programa de lutas pela liberdade e autonomia sindicais, pela negociação coletiva e direta com os patrões e pelo direito de greve, "dando visibilidade pública e nacional à corrente dos autênticos".[1] O congresso contou com a presença de agentes da repressão disfarçados de metalúrgicos, que tudo anotavam.

No mesmo mês, os ferramenteiros na Volkswagen desafiaram o sistema repressivo iniciando um movimento para acabar com as

---

1 NEGRO, Antonio Luigi. *Linhas de Montagem* – o industrialismo nacional-desenvolvimentista e a sindicalização de trabalhadores (1945-1978). São Paulo: Boitempo, 2004, p. 274.

horas extras obrigatórias, que exigiam a permanência deles depois da jornada regulamentar e também o trabalho aos sábados.

As paralisações e os protestos dentro das fábricas eram feitos pelos operários mais especializados, com formação profissional técnica, como os das seções de ferramentaria, manutenção, mecânica e parte elétrica, que tinham a consciência de estarem mais garantidos no emprego e avaliavam ter facilidade de arranjar outro trabalho na hipótese de demissão, ao contrário dos trabalhadores com menor ou nenhuma qualificação e com baixa escolaridade.

Listas de trabalhadores crescem nas mãos da articulação empresarial-militar

Em 1974, o coronel José Paes de Barros, chefe da 2ª Seção do 2º Exército, em São Paulo, idealizou a Comunidade Complementar de Informações,[2] que passou a reunir representantes dos órgãos de informações do governo e das Forças Armadas, da Polícia Federal, DOPS e representantes dos departamentos de segurança de empresas públicas e privadas, a maioria deles comandada por oficiais de carreira e militares da reserva; eram reuniões entre generais, coronéis, tenentes-coronéis, majores – entre eles o diretor de Segurança da Volks, Adhemar Rudge – e alguns poucos civis. Os participantes relatavam o que entendiam como crimes contra a Lei de Segurança Nacional, com foco nas áreas sindical e estudantil, trocavam listas com nomes dos trabalhadores militantes ou considerados subversivos e ajudavam a Polícia Militar a enviar a tropa de choque para reprimir passeatas e greves.

Em entrevista ao jornalista Marcelo Godoy, o coronel José Paes de Barros disse: "Você reúne todo o pessoal de informações de todas as empresas... Tinha 50 participantes para troca de informações...

2 A Comunidade Complementar de Informações foi o embrião para a criação, mais tarde, do Centro Comunitário de Informação do Vale do Paraíba (Cecose). Sobre ele, ver capítulos 14 e 17.

Eu dava as informações que eu tinha e cada um dava a parte deles". Perguntado sobre a movimentação sindical, ele respondeu: "Isso aí a gente acompanhava dia a dia".[3] Com isso, a lista de trabalhadores que consideravam subversivos era maior a cada encontro.

Categoria reconhece papel do Sindicato. Na VW, ações mostram descontentamento dos trabalhadores

Mesmo com as ações colaboracionistas entre empresários e militares, o regime ditatorial dava sinais de desgaste. A economia patinava, a inflação aumentava, corroendo cada vez mais os salários, e a insatisfação dos trabalhadores crescia. Para aplacar o descontentamento dos metalúrgicos, em 1974 as grandes empresas de São Bernardo do Campo acataram reivindicação do Sindicato e concederam, em novembro, antecipação salarial entre 15% e 20%. No mês seguinte o governo determinou um reajuste emergencial de 10%.

Luiz Inácio da Silva assumiu a presidência do Sindicato em abril de 1975 e, na campanha salarial daquele ano, a entidade incluiu várias reivindicações na pauta apresentada aos patrões, entre elas a instituição do Contrato Coletivo de Trabalho, previsto na CLT – Consolidação das Leis do Trabalho. A campanha movimentou a base, tanto que cerca de 10 mil trabalhadores participaram da assembleia para aprovação da pauta de reivindicações, atingindo o quórum determinado pela lei antigreve. Nessa campanha a categoria não teve ganhos econômicos, mas políticos, mobilizando-se como não fazia havia anos.

Na campanha salarial do ano seguinte, de novo negociando em separado da Federação e recorrendo ao Tribunal Superior do Tra-

---

3 Marcelo Godoy é autor do livro *A Casa da Vovó – uma biografia do DOI-Codi* (São Paulo: Alameda, 2014). O trecho da entrevista citado não está no livro, mas foi cedido a Guaracy Mingardi e consta da pesquisa A participação da indústria paulista na repressão política – o caso Volkswagen. *Ministério Público Federal*, set. de 2017, p. 47.

balho, a entidade obteve conquistas como estabilidade de 60 dias após o fim da licença-maternidade e o cômputo das horas extras rotineiras no cálculo do 13º salário, das férias e do descanso semanal remunerado. A atuação do Sindicato animou os militantes.

Na Volkswagen, eles tinham poucas oportunidades para realizar o trabalho de mobilização em razão da forte fiscalização proporcionada por uma rígida estrutura hierárquica. O pessoal da produção era controlado pelos líderes, feitores e chefes de seção; estes prestavam contas aos mestres; mais acima estavam os supervisores, e mandando em todos eles estavam os gerentes. Grande parte das chefias era autoritária e truculenta; os chefes dirigiam-se aos trabalhadores com palavrões e ameaças.

Em determinadas oportunidades, os trabalhadores conseguiam driblar os seguranças ao combinar ações políticas, como colocar fogo nos latões de lixo. "As alas ficavam cheias de fumaça, vinham os bombeiros e era aquela confusão. Esse tipo de protesto servia para mostrar o descontentamento dos trabalhadores", contou Expedito Soares.[4] Expedito foi admitido na VW em 1974 como inspetor de qualidade para trabalhar na ala 5, na linha de montagem e testes de motores do Passat.

Já militante do sindicato, que passou a frequentar quase diariamente depois do expediente na fábrica, em 1976 ele liderou um movimento para que fossem consertadas as mangueiras mal ajustadas que esguichavam jatos quentes de óleo e água nos trabalhadores, proporcionando risco de graves queimaduras. O movimento, pela manhã, durou cerca de 40 minutos, até que o supervisor geral tomou providências e os ajustes foram feitos nas mangueiras.

Depois do almoço, dois seguranças foram até o setor e levaram Expedito ao Serviço de Defesa do Patrimônio e Apurações Disciplinares, um departamento com funções de polícia que interro-

4 Entrevista concedida à autora em 01/09/2020.

gava trabalhadores, elaborava Boletins de Ocorrência semelhante aos de uma delegacia de polícia e coordenava as ações de repressão, inclusive fora da empresa. Depois de interrogado, ele foi levado ao "chiqueirinho", um cubículo no porão da ala 3 com apenas uma cadeira que funcionava como um tipo de castigo destinado aos funcionários que reivindicavam seus direitos ou que lutavam por melhores condições de trabalho. Lá ficou até o final do turno, numa espécie de cárcere privado dentro da empresa.

A prática repetiu-se diariamente por duas semanas, durante todo o período do turno, até ele ser demitido por justa causa em 26 de julho, sem receber os direitos rescisórios. Depois de dispensado, teve problemas para encontrar nova colocação por estar na "lista suja" elaborada pela Volkswagen e que circulava entre as empresas e os órgãos repressivos do Estado.

"Quando saí de lá fiquei quase um ano desempregado. Tive de trabalhar como garçom para sobreviver com mulher e três filhos, e a gente teve uma tremenda dificuldade". [5] Expedito relatou que, embora a oferta de emprego fosse grande, ele não conseguia colocação. Só voltou a ter emprego formal graças ao apoio de um amigo, quando entrou na Arteb em 1977. Lá atuou como militante sindical e, por conta do reconhecimento dos metalúrgicos na fábrica pelo seu trabalho, no ano seguinte entrou para a direção do Sindicato na eleição que conduziu Lula para seu segundo mandato à frente da entidade.

5 Entrevista concedida à autora em 01/09/2020.

9. Depois do "cala boca" do AI-5, luta social pela democracia é retomada

As prisões, torturas e assassinatos praticados pelo regime militar – ações intensificadas após a edição do AI-5 – passaram a ganhar cada vez mais repercussão internacional. Na Alemanha, as notícias sobre a violação aos direitos humanos em solo brasileiro também ocuparam espaço nos meios de comunicação.

A postura dos presidentes mundiais da Volkswagen nos anos 1970 era de silêncio a respeito da situação, tanto em discursos públicos quanto em entrevistas, nos quais faziam questão de enaltecer a condução econômica do governo militar. Nos bastidores, eles criticavam a postura da mídia alemã na cobertura do Brasil, conforme consta no estudo do historiador alemão Christopher Kopper.

No Brasil, a repercussão negativa da barbárie dos assassinatos nos porões da repressão depois da mordaça do AI-5, inclusive no próprio alto escalão do Executivo, somada ao resultado das eleições legislativas de 1974 – marco dos dez anos do regime – acenderam o sinal de alerta no governo. Naquelas eleições, houve avanço significativo da oposição, quando o MDB elegeu 16 senadores das 22 vagas em disputa, e por pouco não obteve maioria na Câmara dos Deputados, com a conquista de 161 das 364 cadeiras, ou 44% do total.

Foi o início do declínio do regime militar, que acabara de nomear um novo presidente, o general Ernesto Geisel. Com a bênção dos Estados Unidos – o principal artífice do golpe de 1964 – ele foi autorizado a começar a "abertura lenta e gradual" no Brasil.

Mesmo assim, o período foi conturbado, porque a mão da censura sobre a imprensa e a cultura ainda era grande e só começou a abrandar em 1976.[1] Em 1977, o Congresso Nacional foi fechado novamente por 15 dias, com o governo impondo uma reforma constitucional mantendo as eleições indiretas para governadores.

Mas o pior para o governo foi controlar seus próprios agentes da repressão, que passaram a praticar atos terroristas no período, com atentados a bomba em instituições como a Ordem dos Advogados do Brasil (OAB) e a Associação Brasileira de Imprensa (ABI), em livrarias, universidades, órgãos de imprensa, bancas de jornal, entre outros locais. Foram cerca de 40 atentados até 1981, quando o poder já estava nas mãos do último presidente militar, o general João Batista Figueiredo.

Assassinatos também aconteceram. Um dos mais emblemáticos foi o do jornalista Vladimir Herzog nos porões do DOPS de São Paulo, em 25 de outubro de 1975. Outro foi o do metalúrgico Manoel Fiel Filho, em 17 de janeiro de 1976, no mesmo local. Ambos os assassinatos foram divulgados pelos militares como "suicídio" e, dada a repercussão negativa na sociedade, provocaram a demissão do comandante do 2° Exército, general Ednardo D'Ávila Mello, dois dias depois da morte de Fiel Filho.

Mesmo com essas ações truculentas de agentes do Estado, a insatisfação popular contra o regime opressor voltou a crescer e as ruas novamente tornaram-se palco de grandes manifestações, especialmente a partir da segunda metade da década de 1970. O movimento estudantil conseguiu rearticular-se e os movimentos sociais, com apoio da Igreja Católica e seus núcleos – as Comunidades Eclesiais de Base (CEBs) –, ganharam corpo. Grandes passeatas de estudantes pediam o fim do regime.

---

1 SOARES, Glaucio Ary Dillon. Censura durante o regime autoritário. *Revista Brasileira de Ciências Sociais*, Rio de Janeiro, v. 4, n.10, 1989.

Ao mesmo tempo, familiares de presos, exilados e mortos pela ditadura passaram a exigir a anistia ampla, geral e irrestrita. Os núcleos do Movimento Feminino pela Anistia, criados em 1975, aglutinaram-se no Comitê Brasileiro pela Anistia, e a reivindicação ganhou a adesão de estudantes e dos movimentos sociais e sindicais.

Donas de casas da periferia de São Paulo, que já se articulavam no Movimento Custo de Vida desde 1973, incorporaram outras forças políticas e realizaram, cinco anos depois, um ato que reuniu mais de 20 mil pessoas na Praça da Sé, centro da capital paulista, passando a ser conhecido como o Movimento contra a Carestia.

Nessa mesma ocasião, o movimento entregou ao governo um abaixo-assinado nacional com 1,3 milhão de assinaturas, pedindo o congelamento de preços dos gêneros de primeira necessidade, aumento salarial acima do custo de vida e um abono de emergência aos trabalhadores de todas as categorias.[2]

Manipulação dos índices de inflação, o estopim que mudaria o sindicalismo no país

Ninguém aguentava mais pagar a conta da política econômica do governo – que continuava a arrochar os salários com a promessa de que era preciso esperar o "bolo crescer" para, então, dar a fatia correspondente aos trabalhadores, conforme o jargão utilizado pelo então ministro da Fazenda Delfim Netto.

Em 1977, a imprensa denunciou a manipulação dos índices de inflação de 1973 e 1974, por parte do governo federal, que havia acarretado graves perdas salariais. A denúncia foi o estopim para que o Sindicato dos Metalúrgicos de São Bernardo do Campo

2 ARANTES, José Tadeu. Estudo resgata a história do Movimento do Custo de Vida. *Agência Fapesp*, São Paulo, 04 de dez. de 2017.

e Diadema desencadeasse a campanha por reposição salarial de 34,1%, percentual calculado em estudo do Dieese (Departamento Intersindical de Estatística e Estudos Socioeconômicos).

A campanha fez crescer na categoria a percepção de que a entidade havia se transformado, de fato, no principal instrumento para conduzir suas demandas. Exemplo disso foi a primeira grande assembleia realizada na rua em setembro. Aumentou também a consciência de que a luta dependia somente da força e unidade dos metalúrgicos, com o entendimento de que as vias legais não eram o caminho para a solução dos problemas. Assim, para os metalúrgicos, a greve passou a despontar como o mais importante instrumento de mobilização. "A principal lição da campanha foi que os trabalhadores se mostram apáticos e indiferentes ao Sindicato quando este é incapaz de expressar suas aspirações. Mas se mobilizam e participam ativamente quando há uma proposta concreta e consequente de luta em defesa de seus interesses".[3]

A mobilização dos metalúrgicos e as crescentes manifestações da sociedade civil foram os combustíveis para vencer o medo e a repressão da ditadura. E fizeram com que, no ano seguinte, o ABC e seus operários entrassem na história da luta contra a ditadura.

O Brasil queria respirar novamente os ares da democracia.

---

3 OLIVA, Aloízio Mercadante; RAINHO, Luiz Flávio (orgs.). *Imagem da Luta: 1905-1985*. São Bernardo do Campo: Sindicato dos Metalúrgicos de São Bernardo do Campo e Diadema, 1987, p. 149.

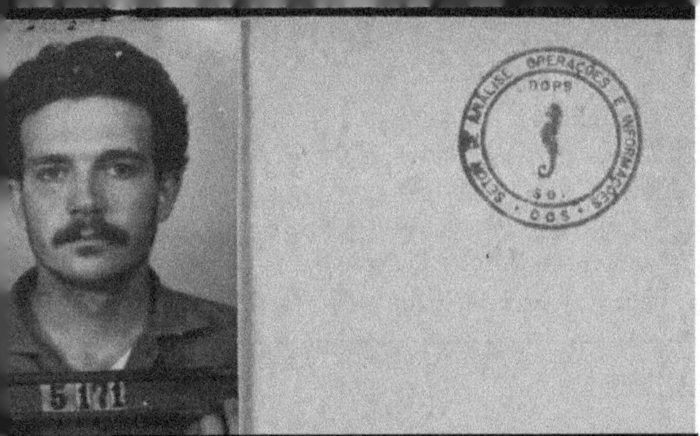

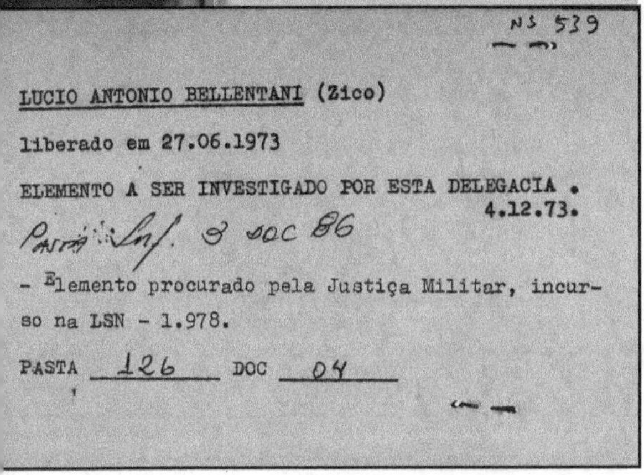

NS 539

LUCIO ANTONIO BELLENTANI (Zico)

liberado em 27.06.1973

ELEMENTO A SER INVESTIGADO POR ESTA DELEGACIA .
4.12.73.

Pasta Inf. 8 DOC 86

- Elemento procurado pela Justiça Militar, incurso na LSN - 1.978.

PASTA 126 DOC 04

Ficha com a data da primeira libertação de Lúcio Bellentani, em 1973. Ele voltou a ser preso no ano seguinte e ficou encarcerado por mais oito meses

Ficha no DOPS mostra que Amauri Danhone já era monitorado pela repressão desde 1969

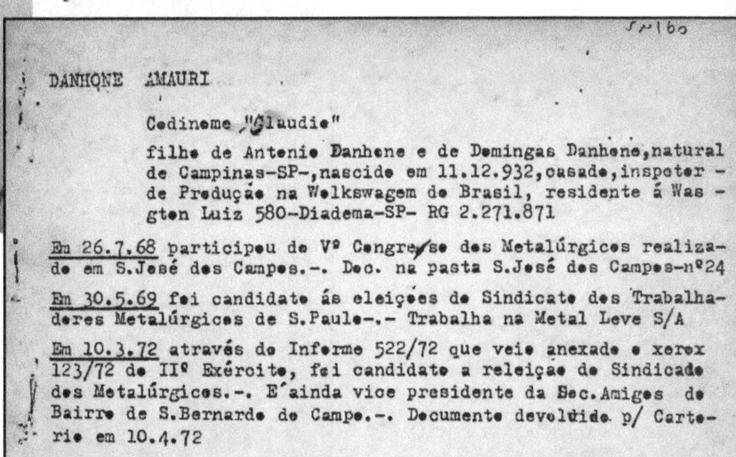

SN 160

DANHONE AMAURI

Codinome "Claudio"

filho de Antonio Danhone e de Domingas Danhone, natural de Campinas-SP-, nascido em 11.12.932, casado, inspetor - de Produção na Wolkswagem do Brasil, residente á Wasgton Luiz 580-Diadema-SP- RG 2.271.871

Em 26.7.68 participou do Vº Congre/sso dos Metalúrgicos realizado em S.José dos Campos.-. Doc. na pasta S.José dos Campos-nº24

Em 30.5.69 foi candidato ás eleições do Sindicato dos Trabalhadores Metalúrgicos de S.Paulo-.- Trabalha na Metal Leve S/A

Em 10.3.72 através do Informe 522/72 que veio anexado o xerox 123/72 do IIº Exército, foi candidato a releiçao do Sindicado dos Metalúrgicos.-. E'ainda vice presidente da Soc.Amigos do Bairro de S.Bernardo do Campo.-. Documento devolvido p/ Cartorio em 10.4.72

Na ficha do DOPS, a sequência de locais onde Heinrich Plagge ficou preso depois de sua detenção na Volks

SN 2745

PLAGGE HEIRICH-

Codinome "Conrado"
filho de Carlos Plagge e de Hilda Plagge, natural de Presidente Wenceslau-SP-, nascido em 05.02.1939, casado, residente á R. Pedro Setti 70- S.Bernardo de Campo, com trabalho na Wolkswagem do Brasil, RG .... 2.782.461.

Em 8.8.72 foi recolhido na carceragem deste Departamento para averiguaçoes.-

Em 19.9.72 foi removido para o DOI

Em 19.9.72 deu entrada nas grades deste DOPS procedente do DOI

Em 17.10.72 foi removido para o Recolhimento Tiradentes

Em 16.10.72 foi indiciado em inquérito policial por esta Especializada juntamente com AMAURI DANHONE, OSWALDO PACHECO SILVA e outros por atividades subversivas.-. Militantes do PCB.-. Document na pasta de Inq. eSind.-.Pasta 36 - Doc. 1 - Fls. 32

NS 1962

DELEGACIA DE ORDEM SOCIAL

Foto n.º

Nome: ANTONIO TORINI
Pasta n.º ALVARAS Dossiê n.º Preso em 09.1974
Orgão que prendeu DCPS - D.O.S. Organização subj. PCB
Codinome (s)
Setor em que milita Data nascimento 19.06.41
Naturalidade Santo Antonio da Posse- SP
Filiação Pai: Demétrio Torini e
Mãe: Sebastiana Leme Torini
Endereço Rua Jundiaí,208-Santo André - S.P.(Sta.Therezinha
Documentos Pessoais casado - ferramenteiro
Caracteres Cromáticos
Observações ALVARA EXPEDIDO PELA 1ªAud/2ªCJM, Destino em 11.9.75

Ficha de Antonio Torini no DOPS com o álvara de soltura, em 11 de setembro de 1975. A foto é da mesma data

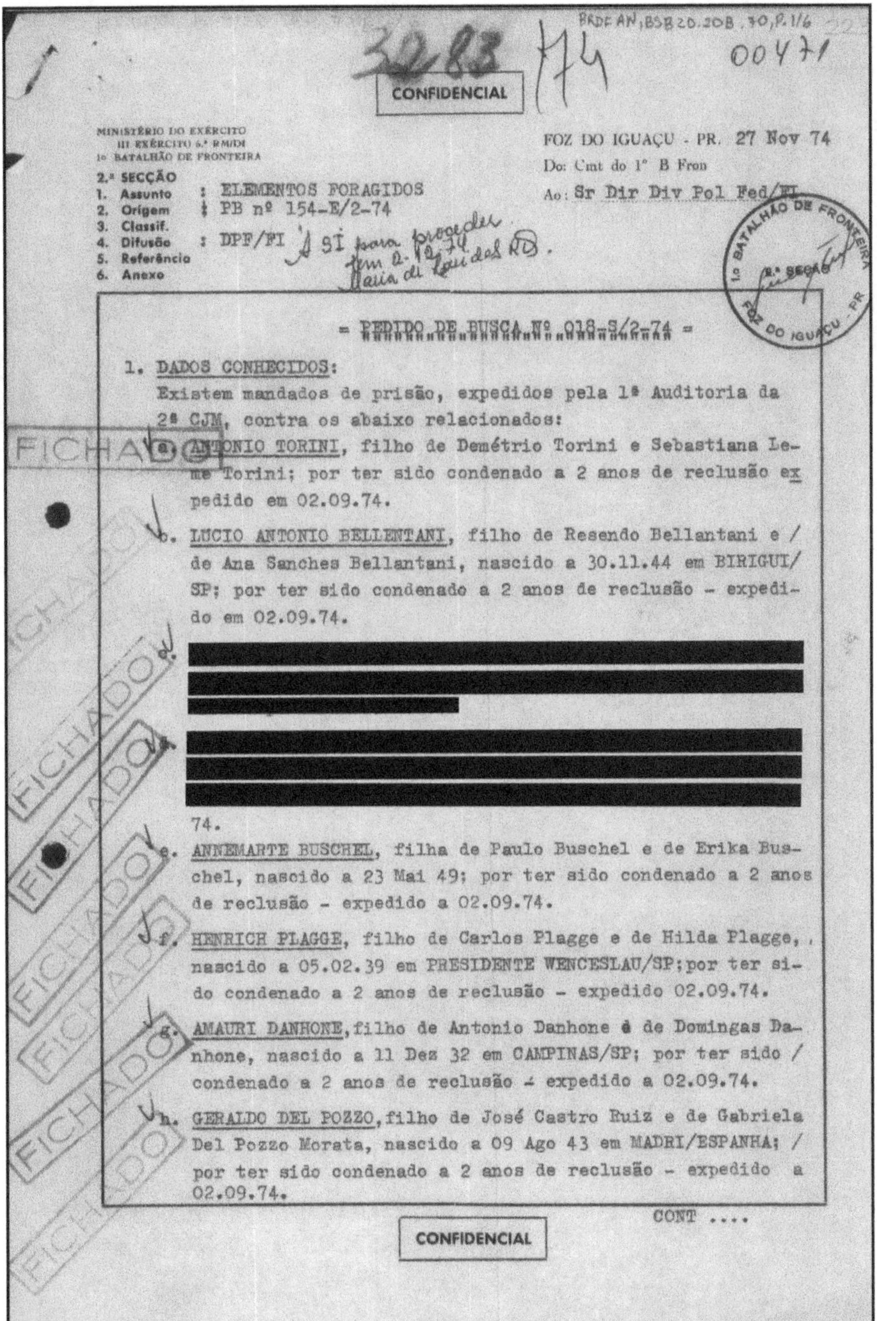

CONFIDENCIAL

MINISTÉRIO DO EXÉRCITO
III EXÉRCITO 6.ª RM/DI
1º BATALHÃO DE FRONTEIRA
2.ª SECÇÃO

FOZ DO IGUAÇU - PR. 27 Nov 74
Do: Cmt do 1º B Fron
Ao: Sr Dir Div Pol Fed/FI

1. Assunto : ELEMENTOS FORAGIDOS
2. Origem : PB nº 154-E/2-74
3. Classif.
4. Difusão : DPF/FI
5. Referência
6. Anexo

= PEDIDO DE BUSCA Nº 018-S/2-74 =

1. DADOS CONHECIDOS:

Existem mandados de prisão, expedidos pela 1ª Auditoria da 2ª CJM, contra os abaixo relacionados:

a. ANTONIO TORINI, filho de Demétrio Torini e Sebastiana Leme Torini; por ter sido condenado a 2 anos de reclusão expedido em 02.09.74.

b. LUCIO ANTONIO BELLENTANI, filho de Resendo Bellantani e / de Ana Sanches Bellantani, nascido a 30.11.44 em BIRIGUI/SP; por ter sido condenado a 2 anos de reclusão - expedido em 02.09.74.

c. [redacted]

d. [redacted] 74.

e. ANNEMARTE BUSCHEL, filha de Paulo Buschel e de Erika Buschel, nascido a 23 Mai 49; por ter sido condenado a 2 anos de reclusão - expedido a 02.09.74.

f. HENRICH PLAGGE, filho de Carlos Plagge e de Hilda Plagge, nascido a 05.02.39 em PRESIDENTE WENCESLAU/SP; por ter sido condenado a 2 anos de reclusão - expedido 02.09.74.

g. AMAURI DANHONE, filho de Antonio Danhone é de Domingas Danhone, nascido a 11 Dez 32 em CAMPINAS/SP; por ter sido / condenado a 2 anos de reclusão - expedido a 02.09.74.

h. GERALDO DEL POZZO, filho de José Castro Ruiz e de Gabriela Del Pozzo Morata, nascido a 09 Ago 43 em MADRI/ESPANHA; / por ter sido condenado a 2 anos de reclusão - expedido a 02.09.74.

CONT ....

CONFIDENCIAL

Pedido de busca dos trabalhadores de 1974, depois que o Superior Tribunal Militar condenou-os a mais dois anos de prisão

PARTE III
1978-1985

Metalúrgicos assumem protagonismo nas lutas sindicais e ajudam a pôr fim a 21 anos de ditadura. Na Volks, trabalhadores não se intimidam com perseguição e repressão

10. Greve de 1978 desafia repressão nas empresas e do regime. Nasce o novo sindicalismo

O ano de 1978 foi decisivo para começar a desestabilizar a ditadura no Brasil. Manifestações estudantis e de outros setores continuavam a ocupar as ruas e a sociedade civil abraçava a campanha pela anistia ampla, geral e irrestrita aos perseguidos pelo regime.

No movimento sindical, contudo, as ações ainda eram tímidas – consequência dos 14 anos de repressão e vigilância do governo sobre as entidades da classe trabalhadora –, até que o Sindicato dos Metalúrgicos de São Bernardo do Campo e Diadema decidiu denunciar a manipulação do índice de inflação e cobrar sua incorporação ao salário, o que serviu para mobilizar a categoria e recolocar os trabalhadores no cenário político nacional.

Essa nova filosofia de ação sindical – a de ir às bases para ouvir e encaminhar as demandas, e a de organizar os trabalhadores – encontrou resistências na própria diretoria e Lula decidiu substituir 14 diretores ao compor a chapa que disputou – e ganhou – as eleições da entidade em fevereiro de 1978. Os novos integrantes foram escolhidos entre aqueles que haviam se destacado na campanha salarial do ano anterior; assim, o presidente reeleito garantiu a continuidade de um sindicato aberto à efetiva participação dos metalúrgicos, proposta que passou a ser conhecida por Novo Sindicalismo, um movimento construído de baixo para cima.

Greve começa na Scania, se alastra e chega a setores da VW

Na campanha salarial daquele ano, a entidade aprofundou essa concepção ao propor que o reajuste salarial nas montadoras fosse determinado em negociações diretas com o Sindicato Nacional dos Fabricantes de Veículos Automotores (Sinfavea), sem a interferência da Justiça do Trabalho. Na assembleia realizada em março, Lula avaliou: "Os metalúrgicos não devem mais compactuar com a farsa das negociações para o reajuste salarial, cujo objetivo final é dar legitimidade a um índice arbitrariamente fixado pelo governo com base em fatores que nem ao menos sabemos como são conseguidos".[1]

Os empresários negaram-se a negociar um contrato coletivo e as greves começaram por iniciativa dos trabalhadores e não por convocação do Sindicato, primeiro com a adesão de praticamente a totalidade dos 2.500 metalúrgicos na Scania, no dia 12 de maio, e nos dias posteriores na Ford, Mercedes-Benz e Motores Perkins.

A notícia da greve na Scania chegou aos trabalhadores na Volkswagen na tarde do mesmo dia 12, através da "rádio peão" – informação repassada de boca a boca –, e foi confirmada à noite durante assembleia realizada no Sindicato para debater decisão unilateral da montadora alemã em reduzir o tempo de duração do almoço. No dia seguinte, a notícia já se espalhara no chão de fábrica e, pela primeira vez, os trabalhadores conversaram sobre a possibilidade de iniciar uma greve, mas poucos setores estavam organizados e o sistema de vigilância havia redobrado sua atuação.

Mesmo assim, metalúrgicos dos setores de Funilaria, Afiação de Ferramentas e Prensas Leves cruzaram os braços. No entanto, o movimento teve curta duração devido à repressão dos agentes da

---

1 RAINHO, Luiz Flávio e BARGAS, Osvaldo Martines. *As lutas operárias e sindicais dos metalúrgicos em São Bernardo*. São Bernardo do Campo: Editora FG, 1983, p. 55.

segurança industrial. "Parou também a ala 5, a montagem de câmbio; não tinha muita gente, mas parou. Não posso dizer se parou até o final da greve da Scania, acho que não, parou dois ou três dias, coisa assim. Cruzaram os braços à noite, talvez um dia depois da greve na Scania", recordou João Batista Lemos, que tinha sido admitido em 1977 e na época trabalhava na ala 5, na Usinagem.[2] Lemos era quadro do Partido Comunista do Brasil (PCdoB) e havia entrado na Volks para articular uma célula do partido na região do ABC; ele fez curso de inspetor de qualidade na escola do Serviço Nacional de Aprendizagem Industrial (Senai) para ter mais condições de desenvolver o trabalho político ao percorrer as máquinas.

Em 19 de maio (uma semana depois de iniciada a greve na Scania), a totalidade dos ferramenteiros das alas 8 e 8A, entre 700 e 800 trabalhadores, entrou em greve na Volkswagen. Eles imediatamente foram isolados do restante da fábrica por seguranças armados, que se postaram a cada três metros de distância, formando um cordão: ninguém entrava ou saía, e não se conversava; para impedir a comunicação entre os metalúrgicos, foi desligada a rede de telefones dessas alas. Diante da recusa em ligar as máquinas, os chefes avisaram que eles teriam de ir embora, procurando, com isso, impedir que os outros trabalhadores tomassem conhecimento da paralisação.

Nos dias seguintes, a fábrica impediu a entrada dos grevistas até que assumissem o compromisso de voltar ao trabalho; quando acenaram com essa possibilidade eles tiveram permissão para entrar, mas lá dentro recusaram-se novamente a ligar as máquinas, o que levou a empresa a demitir 28 ferramenteiros a pedido da segurança industrial. A volta ao trabalho deu-se no dia 24 de maio, diante do compromisso da Volkswagen de readmitir os dis-

2 Entrevista à autora concedida em 15/06/2020.

pensados e de acatar o percentual de reajuste salarial do acordo coletivo que estava sendo negociado entre o Sinfavea – o sindicato das montadoras – e o Sindicato dos Metalúrgicos.

O procedimento da Volkswagen de isolar os grevistas, colocando-os para fora dos limites da fábrica, foi incorporado às orientações oficiais da Fiesp, a federação das indústrias paulistas, que em novembro do mesmo ano enviou às empresas uma "cartilha" sobre como enfrentar uma greve sem piquetes, na situação de "máquinas paradas, braços cruzados". Entre as orientações, a entidade patronal recomendava que as empresas tentassem de todas as formas colocar os grevistas na via pública; que suspendessem (disciplinarmente) aqueles que entrassem na fábrica sob condição de trabalhar e não cumprissem o prometido; e, em última instância, dispensar um certo número de pessoas por justa causa, após pedir para o trabalhador que executasse uma tarefa; a negativa caracterizaria ato de insubordinação.

Para a Fiesp, essa situação geraria insegurança no pessoal e, com isso, empregados ou o sindicato pediriam a sustação das dispensas propondo a volta ao trabalho.[3] Outra orientação, a da "criação de um centro de informações na Fiesp para saber quais empresas estão em greve", serviria mais tarde de inspiração para a implantação do Centro Comunitário de Segurança (Cecose), em 1983.[4]

Movimento desafia repressão da segurança industrial e força negociação com Sindicato

A greve teve grande impacto interno na Volkswagen, ao mostrar que o forte sistema repressivo não havia sido suficiente para coibir os protestos. Isso valia tanto para o Departamento de Segurança

---

3 RAINHO, Luiz Flávio e BARGAS, Osvaldo Martines. *As lutas operárias e sindicais dos metalúrgicos em São Bernardo*. São Bernardo do Campo: Editora FG, 1983, p. 213.

4 Sobre o Cecose, ver capítulos 14 e 17.

Industrial – que desencadeou mecanismos tentando aumentar o controle do chão de fábrica – como para os trabalhadores, pois até então o pensamento geral era da impossibilidade de se realizar manifestações internas.

A paralisação de 1978 forçou a realização da primeira negociação direta entre as representações dos trabalhadores e dos empresários; também fez avançar as formas de organização dentro das fábricas e despertou confiança nos metalúrgicos, que passaram a discutir temas antes proibidos, como dissídio coletivo e lucros das montadoras. Mais que isso, eles descobriram que era possível medir força com o patronato: "Houve, portanto, considerável avanço em termos de aprofundamento da consciência de classe, imprescindível naquele momento à continuidade do movimento na região e aos acontecimentos que se sucederiam".[5]

Para o Sindicato, as paralisações dos trabalhadores na Funilaria, Afiação de Ferramentas e Prensas Leves e a greve na Ferramentaria foram uma vitória marcante, já que a empresa acreditava que, em razão do violento aparato interno de repressão, não haveria espaço para qualquer manifestação. "A concessão do aumento acertado com o seu órgão de classe por si só já demonstra um recuo em sua posição autoritária e intransigente, patenteada nos primeiros dias de paralisação", avaliou a direção sindical.[6]

Se o movimento mostrou que a união dos trabalhadores podia superar o esquema da segurança industrial da montadora, revelou também o grau de articulação da empresa ao convencer quatro funcionários que eram diretores sindicais – conhecidos como Gato, Salvador, Chacrinha e Luiz Carlos – a se posicionarem contra a

5 RAINHO, Luiz Flávio e BARGAS, Osvaldo Martines. *As lutas operárias e sindicais dos metalúrgicos em São Bernardo*. São Bernardo do Campo: Editora FG, 1983, p. 81.

6 UNIDADE operária anula repressão na Volks! *Tribuna Metalúrgica*, São Bernardo do Campo, jun. de 1978, n. 46, p. 8.

organização dos metalúrgicos e a sua entidade, com o argumento de que a diretoria fazia política e extrapolava suas finalidades, que deveriam ser apenas assistencialistas. Os dirigentes divulgaram uma nota posicionando-se contra as greves e assumiram um discurso antissindical. Acusados de traidores da classe operária, os quatro foram excluídos do cargo de diretor sindical em assembleia convocada para esse fim.

Dias depois, Lula conversou com representante dos Recursos Humanos da Volkswagen e este acenou com a possibilidade de o Sindicato indicar novos nomes para substituir os delegados sindicais expulsos, e dois nomes – Osvaldo Bargas e Tarcísio Tadeu – foram consenso numa conversa entre os sindicalistas. Apesar de terem sido aprovados num debate interno no Sindicato, essa informação chegou à empresa, que tomou a decisão de demitir os dois, primeiro Tarcísio e, na semana seguinte, Bargas, antes que a indicação de seus nomes fosse oficializada.

O ferramenteiro Osvaldo Bargas tinha sido contratado em março de 1978 e acabou ficando apenas oito meses na Volks. Em entrevista à autora,[7] ele contou: "Um dia, estou entrando para trabalhar e meu chefe falou assim: 'Eu não tenho nada a ver com isso, você é um ótimo trabalhador, mas tem o seguinte, estão chamando você lá no Departamento Pessoal'. Fui lá e me disseram: 'Você está demitido, vá procurar serviço lá no Sindicato'".

Bargas era da Juventude Operária Católica e participava das assembleias no Sindicato e das reuniões para discutir os problemas trabalhistas específicos das empresas. À autora, ele lembrou que, depois da demissão, teve dificuldade para arrumar outro emprego; passou no teste para o Centro de Desenvolvimento da Ford e, quando levou os documentos para a contratação, o funcionário do Departamento de Pessoal avisou-o que não seria efetivado: "Vá

7 Entrevista concedida à autora em 23/08/2020.

pedir emprego para o Lula, ele me disse". Quase um ano depois, conseguiu emprego numa fábrica de porte médio em Diadema e, em 1981, integrou a chapa vencedora na eleição sindical, assumindo a secretaria geral da entidade.

Tarcísio Tadeu fez curso de mecânica geral no Senai (Serviço Nacional de Aprendizagem Industrial) e entrou na Volks em 1969 como aprendiz; depois foi efetivado como ferramenteiro na ala 4, especializada em prensas. Próximo do Partido Comunista e sindicalizado, passou a ser mapeado pelo setor de segurança em 1975, quando foi transferido para o cargo de instrutor do Centro de Formação Profissional, que formava novos ferramenteiros. Quando a turma de 1977 escolheu Lula como patrono da formatura e ele para ser o paraninfo, a empresa cancelou a cerimônia.

Em novembro de 1978, Tarcísio Tadeu foi demitido junto com mais quatro trabalhadores. "Assinamos a demissão e depois do final do turno colocaram-nos num carro da segurança e escoltaram-nos até a rua",[8] disse. Nos anos seguintes, ele não conseguiu emprego na área metalúrgica e nem conseguiu concluir as etapas do concurso para o qual se inscrevera no Serviço Nacional de Aprendizagem Comercial (Senac); foi aprovado em concurso na Empresa de Assistência Técnica e Extensão Rural (Emater), na Bahia, mas não foi chamado.

Outra demissão ocorrida em novembro foi a de Antônio Rodrigues, contratado em fevereiro de 1975 para a linha da Kombi e que aguardava transferência para a ferramentaria depois de fazer curso interno. Jovem, aos 20 anos, Rodrigues participava ativamente dos movimentos; ele não sabia, mas já estava visado na empresa. Em entrevista à autora,[9] relatou que dois meses antes da demissão foi detido por policiais militares no estacionamento da

8 Entrevista concedida à autora em 11/09/2020.

9 Entrevista concedida à autora em 08/10/2022.

empresa ao chegar para trabalhar e colocado numa perua Veraneio onde ficou rodando o dia inteiro até ser liberado. Disse que somente a empresa poderia ter revelado seu nome aos policiais.

Na primeira semana de novembro Rodrigues foi tirado da linha e conduzido ao "chiqueirinho" sem explicações e lá ficou por 23 dias até a demissão. "Não tinha a consciência de classe que tenho hoje, e considerou que minha participação das lutas era pequena, mas o suficiente para ser perseguido", contou. Depois disso, amargou a condição de ter sido incluído na "lista suja". Não conseguiu emprego de ferramenteiro no ABC e foi trabalhar como operador de máquinas em São Paulo, com salário bem menor. Anos depois percebeu que seu nome continuava "sujo". Nos três empregos que havia conseguido na região – na Caterpillar, Scania e Villares – ficou apenas alguns meses e foi demitido para, finalmente, em 1987, entrar na Metal Leve e se sentir com emprego garantido. Um ano depois foi eleito vereador em Diadema e lá cumpriu quatro mandatos.

Volks aumenta a perseguição e Sindicato intensifica contato com a base

A partir de orientações definidas no 3º Congresso da categoria, realizado em outubro de 1978 – que decidiu pela luta por implementação das comissões de fábrica, redução da jornada para 40 horas semanais, contrato coletivo de trabalho e pela criação da Central Única dos Trabalhadores – que viria a acontecer em agosto de 1983 –, o Sindicato passou a investir mais no trabalho de base e a Volkswagen recebeu atenção especial por ser a maior montadora do país.

Depois do Congresso, a Volks aumentou a repressão, demitindo vários funcionários que participaram do encontro e também dispensando outros 25 que protestaram contra o programa *Movimento-Tempo-Minuto*, destinado a manter a produção nas linhas de montagem com menos trabalhadores; passou ainda a demitir os sindicalizados que se recusavam a fazer hora extra ou a compensar os dias de feriado.

A edição de novembro daquele ano da *Tribuna Metalúrgica* dedicou duas páginas para denunciar os desmandos da empresa na matéria "Volks reedita holocausto e leva suas vítimas até à morte", denunciando a demissão dos trabalhadores que participaram do Congresso, a comida estragada que provocava diarreia nos trabalhadores, os ambientes insalubres por falta de exaustores e as mortes de um vigilante atropelado por um veículo que transitava em velocidade excessiva no interior da fábrica e a de um metalúrgico devido a choque elétrico, cuja família ficou sem seguro porque a empresa não comunicou que havia sido em decorrência de acidente de trabalho.[10]

Em paralelo, o Sindicato passou a fazer reuniões diárias com trabalhadores nas empresas e, no caso das fábricas maiores, os encontros reuniam metalúrgicos por alas ou seções, quando debatiam os problemas, contribuíam para a elaboração de uma pauta de reivindicações e indicavam nomes para formar a Comissão de Salários. A Comissão não tinha a função de negociar com os empresários, mas a de realizar os debates e estimular a mobilização na campanha salarial, e passou a contar com cerca de 600 trabalhadores, 60 deles na Volkswagen. Uma das tarefas assumidas pelos militantes da comissão era a de colar cartazes, panfletos e desenhos em lugares longe da fiscalização dos seguranças, estimulando a consciência de classe. Os trabalhadores também acompanhavam o desenrolar dos acontecimentos pela "rádio peão" e pela *Tribuna Metalúrgica* distribuída na portaria durante a entrada dos turnos.

10 VOLKSWAGEN reedita holocausto e leva suas vítimas até à morte. *Tribuna Metalúrgica*, São Bernardo do Campo, nov. de 1978, n. 49, p. 6 e 7.

Ditadura ainda tenta aumentar a repressão, mas o caminho para seu fim estava aberto

A resposta dos militares à rearticulação das lutas sindicais despertada pelo ABC foi a edição de um decreto proibindo greves no serviço público e em vários setores que considerava essenciais, como petroleiros, bancários e profissionais da saúde, entre outros, o que seria desafiado pelos trabalhadores nos anos seguintes.

Num pretenso gesto para a chamada "abertura lenta e gradual", a ditadura revogou o AI-5 em dezembro de 1978. A revogação, na realidade, foi resultado da intensificação das mobilizações sindicais e sociais no Brasil. No entanto, novas medidas opressivas foram impostas, como as alterações na Lei de Segurança Nacional (LSN), reafirmando considerar como crime as greves, passeatas e a reorganização de entidades dissolvidas, como a União Nacional dos Estudantes.

Naquele ano também foi escolhido por colégio eleitoral o quinto e último presidente do período ditatorial, o general João Batista Figueiredo, que havia sido chefe do Gabinete Militar no governo Médici e do Serviço Nacional de Informação (SNI) de Ernesto Geisel, seu antecessor.[11]

11 É eleito o último general presidente. *Memorial da Democracia.*

11. Em 1979 eclode a primeira greve geral da categoria. VW abriga "quartel" da polícia e incomoda matriz

No início de 1979, o Sindicato dos Metalúrgicos de São Bernardo do Campo e Diadema conclamou os trabalhadores a não fazerem horas extras em resposta a uma circular do Sindicato das Indústrias Metalúrgicas sugerindo às empresas realizar um "estoque de produção" como forma de enfrentar eventuais greves.

Após a recusa dos empresários, em negociação direta com a entidade operária, de conceder o percentual de reajuste salarial reivindicado e acatar cláusulas como o reconhecimento dos delegados sindicais, jornada de 40 horas semanais e estabilidade no emprego, em 13 de março eclodiu a primeira greve geral da categoria no período ditatorial. A paralisação começou dois dias antes da posse de João Batista Figueiredo na Presidência da República e alastrou-se para outras bases sindicais de metalúrgicos no ABC, envolvendo mais de 200 mil trabalhadores.

A Volkswagen demonstrava ser uma incógnita. Ela havia se preparado para um movimento dentro da empresa, nos moldes da paralisação dos ferramenteiros no ano anterior, e foi surpreendida com uma greve realizada fora dos limites da fábrica, com piquetes[1] na portaria.

Já na noite de 12 de março, véspera do início da greve, os trabalhadores do segundo turno desligaram as máquinas logo depois das 23 horas e dirigiram-se ao Sindicato, mesmo compelidos pelos

---

1 Grupos de militantes que se concentram na portaria das empresas para convencer e impedir trabalhadores entrem para o trabalho durante greves.

seguranças a continuarem trabalhando. A expectativa maior era com a Volks. Era a maior fábrica. Se ela parasse, o movimento seria vitorioso, analisavam os diretores sindicais. "Eu acho que os companheiros da Volks vão atender à convocação do Sindicato", disse Lula a um dos parceiros presentes em sua sala, que insistia com todos para a necessidade de um piquete na empresa".[2]

O piquete foi a maneira encontrada pela entidade de transferir as ações de greve para fora da empresa e evitar confronto com os seguranças; lá dentro haveria repressão. De manhã, em frente à portaria da montadora, alguns diretores do Sindicato e uma infinidade de repórteres, cinegrafistas e fotógrafos aguardavam a chegada de mais de 10 mil trabalhadores, que começaram a desembarcar dos ônibus por volta das 5 horas e encontraram um piquete formado por militantes, postados de mãos dadas para impedir a passagem dos metalúrgicos, enquanto diretores gritavam que era uma vergonha furar aquela corrente humana. Alguns poucos entraram, mas a maioria aderiu ao piquete e a greve foi um sucesso, paralisando totalmente a produção.

"Esta greve foi o primeiro grande movimento de massas da classe operária, desde 1964, na forma de greve fora das fábricas, com piquetes, por tempo indeterminado e com realização de grandes assembleias".[3]

---

2 GRAMMONT, Júlio de. Os subversivos de 1978. *Teoria e Debate*, 1998, nº 37, p. 24-31.

3 OLIVA, Aloízio Mercadante; RAINHO, Luis Flávio (orgs.). *Imagens da Luta: 1905-1985*. São Bernardo do Campo: Sindicato dos Metalúrgicos de São Bernardo do Campo e Diadema, 1987, p. 162.

Repressão policial é intensificada com a colaboração da empresa

Derrotada na sua estratégia, a Volkswagen não apenas chamou a Polícia Militar como abrigou nas dependências de sua oficina de formação profissional toda a tropa deslocada para a região do ABC, com direito a alimentação no refeitório da empresa, enquanto o túnel sob a Via Anchieta em frente ao portão da empresa transformou-se no canil da polícia; no comando dos civis e dos policiais militares estava o coronel Adhemar Rudge, chefe do Departamento de Segurança Industrial da empresa.

Como os piquetes passaram a ser reprimidos em frente à portaria, muitos ativistas deslocavam-se até os pontos de parada dos ônibus nos bairros para convencer os trabalhadores a aderirem ao movimento; não raro, os ônibus – que eram oferecidos pelas empresas metalúrgicas aos funcionários – tinham os pneus esvaziados ou o para-brisas danificado. Essas ações eram feitas por metalúrgicos das grandes e médias empresas e chegavam a reunir mais de 200 pessoas, que nos pontos de paradas de ônibus nos bairros tinham tempo maior para dialogar e distribuir boletins do que na portaria. Muitos trabalhadores na Volkswagen, para não serem fotografados pelos seguranças, participavam de piquetes em outras fábricas. No entanto, a repressão policial e dos agentes do Departamento de Segurança da empresa não se limitava ao piquete na portaria; eles iam para os bairros e tentavam dispersar os grupos de convencimento com violência e detenções.

No quinto dia de greve, um sábado, dezenas de trabalhadores fizeram piquete na portaria da Volks para impedir a realização de horas extras, entre eles três ex-funcionários. Tarcísio Tadeu era um deles. Ajudando os manifestantes estava o diretor do Sindicato Gilson Menezes, que não conseguiu impedir que o grupo fosse levado pelos policiais militares para o pátio interno da empresa. Já longe da portaria, os três, separados dos demais, passaram por uma sessão de espancamento. "Eles nos derrubaram no chão e encheram a gente de porrada; eram chutes e pisões. Depois de esparramarem os boletins no pátio, o tenente meteu a bota em cima do meu pescoço, apertava e falava: 'Pega aí o papel no chão'; eu respondia: 'Não pego'; ele apertava mais meu pescoço e eu insistia: 'Não pego'. Até que uma hora não teve jeito, tive de pegar. Foram quatro horas de insultos e espancamento sob os olhares dos agentes de segurança interna", recordou Tarcísio.[4] Depois, o grupo foi levado para a delegacia do DOPS instalada na sede da polícia civil de São Bernardo do Campo e os militantes só ganharam a liberdade depois da presença de Maurício Soares, advogado do Sindicato.

A pedido da Federação das Indústrias de São Paulo (Fiesp), o Tribunal Regional do Trabalho declarou a greve ilegal e determinou o retorno imediato ao trabalho. Após uma assembleia com 80 mil pessoas, que decidiu pela continuidade da paralisação, os sindicatos estabeleceram um fundo de greve, medida então inédita no país. Isso permitiu que os trabalhadores paralisados recebessem doações da sociedade civil, fortalecendo a resistência para longos dias de piquetes e repressões. Na sequência, o então ministro do Trabalho, Murilo Macedo, determinou intervenção federal no sindicato; em resposta, os líderes da greve passaram a se reunir na Igreja Matriz de São Bernardo, com a concordância do bispo da diocese de Santo André, dom Claudio Hummes.

Com o apoio da Igreja Católica, através das Comunidades Eclesiais de Base e da Pastoral Operária, dos movimentos sociais reorganizados, de intelectuais, de políticos do MDB e de vários artistas famosos, a greve ganhou dimensão nacional e o ABC tornou-se o centro político do país. Essa condição, aliada ao fim do Ato Institucional nº 5, prejudicou a realização das

---

4 Entrevista concedida à autora em 10/03/2020.

prisões sem mandado judicial por longos períodos e das sessões de tortura. Mesmo assim, a ação repressiva aumentou com a continuidade da greve e a Polícia Militar mobilizou toda a sua Tropa de Choque, com cavalaria, soldados e cães aquartelados em várias empresas, principalmente na Volkswagen; agentes do DOPS, disfarçados de operários, infiltraram-se nos piquetes e nas assembleias.

No dia 20 de março, dom Cláudio Hummes esteve na portaria da montadora para pedir ao comandante da polícia que evitasse violência contra os grevistas. Ele também participou de assembleia realizada no estádio de Vila Euclides, o que deu legitimidade moral e social ao movimento. O Sindicato sofreu intervenção do Ministério do Trabalho em 23 de março, e sua diretoria foi destituída. Quatro dias depois, em 27 de março de 1979, durante assembleia, Lula propôs aos trabalhadores o encerramento da greve e a aprovação possibilitou a reabertura das negociações. A campanha salarial terminou no dia 13 de maio, quando uma nova assembleia aprovou o reajuste de 63%.

Semanas depois do término da campanha, um documento do Centro de Informações de Segurança da Aeronáutica revelou que a Volkswagen havia demitido 320 metalúrgicos, "em razão de suas atividades durante a greve, como líderes, por participarem de piquetes ou estarem distribuindo panfletos", e encaminhado ao DOPS o nome de 47 trabalhadores identificados por fotografias e pelos agentes infiltrados nos piquetes e assembleias, sendo que 18 deles foram detidos pela polícia.[5]

Nas demais empresas também ocorreram centenas de demissões, e algumas delas descontaram os dias parados, o que provocou imediata reação dos trabalhadores em exigir o cumprimento do

5 MINGARDI, Guaracy. A participação da indústria paulista na repressão política – o caso Volkswagen. *Ministério Público Federal*, set. de 2017, anexo 30.

acordo firmado entre o Sindicato e a representação empresarial, na maioria das vezes com sucesso. Depois que o presidente do Sinfavea, Mário Garnero – também diretor jurídico na Volkswagen –, garantiu que não haveria dispensas, a montadora readmitiu alguns poucos.

No período pós-greve, as empresas passaram a exigir a realização de horas extras para recuperar parte da produção perdida. Na Volks, os chefes chamavam grupos de quatro ou cinco trabalhadores para cumprir essa exigência, mas a resposta era negativa em atendimento às orientações do Sindicato; aos metalúrgicos do período noturno houve a ameaça da retirada dos ônibus das 2h20 da manhã, como forma de obrigá-los a fazer hora extra até às 5h30. Os trabalhadores considerados rebeldes, com histórico de militância, foram demitidos.

Postura da empresa incomoda matriz da montadora

Durante a greve de 1979, Wolfgang Sauer, presidente da Volkswagen do Brasil, enviou extensos relatórios à matriz, "mas nem sempre fornecia informações completas ou corretas".[6] Numa oportunidade, disse que os empresários haviam oferecido aumento salarial de até 63%, omitindo que esse percentual era apenas para quem ganhava até três salários mínimos; em outra, avisou que a Polícia Militar havia exigido acesso à fábrica por ordem do governo de São Paulo e procurou escamotear a ajuda ativa da empresa em abrigar tropas alegando que as "barreiras cruéis e muitas vezes violentas dos grevistas" o obrigaram a tomar essa decisão, argumentando incorretamente que o Sindicato havia mobilizado os trabalhadores contra a direção da empresa. De acordo com o jornal alemão *Bonner Generalanzeigers*, de 16 de junho de 1979,

6 KOPPER, Christopher. *A VW do Brasil durante a ditadura militar brasileira 1964-1985: uma abordagem histórica.* Bielefeld: Universidade de Bielefeld, 2017, p. 75.

o presidente mundial da empresa, Toni Schmücker, "repreendeu Sauer furiosamente".[7]

Sauer teve dificuldade em aceitar a atuação da imprensa brasileira – agora livre da censura imposta pela ditadura – que teceu críticas ao conluio entre a montadora e a Polícia Militar, à violência e às prisões para dispersar os piquetes. Ele chegou a impedir o acesso à fábrica de uma equipe do programa *ZDF-Auslandsjournal* com o fraco argumento de que a segurança dos jornalistas não estava garantida em razão dos piquetes. No entanto, em julho de 1979 os alemães tomaram conhecimento do comportamento da filial brasileira durante a greve através do programa *Monitor*, da ARD, emissora de TV pública de seu país, que veiculou reportagem na qual Devanir Ribeiro, trabalhador na Volkswagen e diretor do Sindicato, informava que a montadora fora a única empresa a realizar três ações de retaliação: demitir trabalhadores, abrigar a Polícia Militar dentro da fábrica e divulgar uma "lista suja" com os nomes dos ativistas e das lideranças.

Os conflitos ocorridos durante o movimento reforçaram nos sindicalistas alemães ligados à Volks a necessidade de dispensar maior atenção às relações trabalhistas nas fábricas da montadora em outros países. Com o apoio da Federação Internacional dos Trabalhadores nas Indústrias Metalúrgicas (Fitim), foi realizado em junho de 1979 um encontro na sede da empresa em Wolfsburg reunindo representantes trabalhistas das fábricas da África do Sul, Estados Unidos, Bélgica, Iugoslávia e Brasil. Na ocasião, foi revelada a disparidade do padrão de organização e direitos sindicais nas fábricas desses países em relação à matriz, momento em que o representante brasileiro Devanir Ribeiro reafirmou as denúncias feitas à ARD, ouvindo uma resposta cautelosa do presidente da montadora, Toni Schmücker,

7 KOPPER, Christopher. *A VW do Brasil durante a ditadura militar brasileira 1964-1985: uma abordagem histórica.* Bielefeld: Universidade de Bielefeld, 2017, p. 76.

ao destacar que a Volks Brasil era independente e tinha responsabilidade própria, evitando qualquer crítica pública em relação ao desempenho da direção da empresa no país.[8]

Em outubro de 1979, a matriz enviou ao Brasil o diretor de Recursos Humanos, Karl-Heinz Briam, e o diretor de Relações Trabalhistas, Siegfried Ehlers – que acumulava o cargo de presidente geral da Comissão de Fábrica –, para vários encontros, um deles com a direção do Sindicato dos Metalúrgicos de São Bernardo do Campo e Diadema. Na oportunidade, ambos tomaram conhecimento da militarização do sistema de segurança, dos ambientes insalubres (ruído, poluição etc.), da falta de Equipamentos de Proteção Individual (EPIs), da pressão por horas extras, dos desmandos dos chefes autoritários e truculentos, das "listas sujas", do "chiqueirinho", da alta rotatividade e da não aceitação, por parte da montadora, da representação dos trabalhadores, situações essas confirmadas por denúncias publicadas nas edições do jornal *Tribuna Metalúrgica*.

Antes de retornar à Alemanha, Briam relatou suas impressões pessoais à direção da Volks Brasil para dizer, entre outros assuntos, que a mudança da cultura empresarial da unidade não poderia ser feita a partir da matriz e que era importante o reconhecimento da representação sindical. O presidente Sauer e o diretor de Recursos Humanos, Admon Ganem, tentaram enganar Briam ao dizer que o recolhimento das mensalidades sindicais dos trabalhadores e seu envio ao Sindicato era um indício de reconhecimento da entidade – quando, na verdade, era uma determinação legal – para, em seguida, negarem a existência das "listas sujas".[9]

---

8 KOPPER, Christopher. *A VW do Brasil durante a ditadura militar brasileira 1964-1985: uma abordagem histórica.* Bielefeld: Universidade de Bielefeld, 2017, p. 77.

9 *Idem*, p. 79.

Devanir Ribeiro só não foi dispensado pela Volks quando retornou da Alemanha porque a legislação impedia a demissão de diretores sindicais, mas a ocasião apareceu depois que toda a diretoria do Sindicato foi cassada e presa durante a greve do ano seguinte. "Fui considerado *persona non grata* e demitido em abril de 1980. Nem me deixaram entrar na empresa para pegar minhas coisas e me despedir das pessoas", recordou.[10]

Para sobreviver, ele e outros demitidos na categoria criaram empresa de esquadrias metálicas e passaram a fazer palestras nas faculdades. Mais tarde, filiado ao Partido dos Trabalhadores, Devanir foi eleito vereador em São Paulo, em 1988, cumpriu três mandatos e foi eleito deputado federal em 2002, cargo que ocupou até 2014. "Em uma ocasião a Volks me convidou para um evento na fábrica me chamando de excelência, mas não fui porque agora eu é que considerava a empresa *persona non grata*", informou à autora.

Greve do ABC foi estopim para a eclosão de outros movimentos. Anistia é aprovada

No discurso de posse como presidente, o general Figueiredo comprometeu-se: "Juro fazer deste país uma democracia".[11] Mesmo assim, manteve várias medidas de exceção dos antecessores, particularmente a repressão contra os movimentos populares e de trabalhadores.

No entanto, as crises social, política e econômica causavam cada vez mais fissuras no regime. E a paralisação dos metalúrgicos do ABC serviu de estímulo para que trabalhadores de 246 categorias de Norte a Sul do país cruzassem os braços ao longo de 1979. As greves aglutinaram mais de três milhões de trabalhadores e também foram duramente reprimidas, deixando um saldo de centenas

10 Entrevista concedida à autora em 05/12/2022.

11 FIGUEIREDO assume ditadura em fase final. *Memorial da Democracia.*

de feridos e de, no mínimo, três mortes, uma delas a do metalúrgico Santos Dias da Silva, assassinado a tiros pela polícia durante um piquete em São Paulo em 30 de outubro.

Na ascensão das lutas sociais que desafiaram a ditadura, universitários elegeram abertamente, em congresso em Salvador (BA), a direção da União Nacional dos Estudantes, a UNE, que ainda estava sob o manto da ilegalidade.

Diante de toda essa mobilização nacional e a contragosto, Figueiredo teve de ceder: primeiro dissolvendo as agremiações políticas permitidas pelo regime (Arena e MDB) e estabelecendo o pluripartidarismo – mas mantendo excluídos os partidos comunistas – e, segundo, sancionando a Lei da Anistia. Com ela, os brasileiros que estavam exilados puderam voltar ao país, presos políticos foram libertados e os processos que tramitavam nos tribunais militares foram anulados. Quem vivia na clandestinidade deixou de se esconder da polícia. "As estimativas sobre o número de pessoas forçadas a partir [do país] durante a ditadura militar variam entre 5 mil e 10 mil, mas não há dúvida de que foi a maior diáspora da história do Brasil".[12]

A lei, no entanto, não atendeu plenamente às reivindicações do Comitê Brasileiro pela Anistia, que apontou, entre outros, dois problemas graves. "O primeiro era que a anistia era restritiva. A lei negava o perdão aos 'terroristas' que tivessem sido condenados de forma definitiva. Eles não poderiam sair da cadeia. (...) Contraditoriamente, aqueles que respondessem a processos iguais, mas ainda com possibilidade de apelar a tribunais superiores, ganhariam a anistia".[13]

O segundo problema – que deixou um gosto amargo para os defensores da democracia – foi a concessão de perdão aos agentes

---

12 EXÍLIO é a saída para milhares de brasileiros. *Memorial da Democracia*.

13 WESTIN, Ricardo. Há 40 anos, Lei da Anistia preparou caminho para o fim da ditadura. *Agência Senado*, Brasília, 05 de ago. de 2019.

do Estado que cometeram violações aos direitos humanos desde o início do golpe de 1964, incluindo a tortura e os assassinatos. A lei garantiu que eles jamais seriam processados nem punidos.

12. 1980: trabalhadores fundam seu partido, metalúrgicos voltam a cruzar os braços e agentes do regime mandam avisos com bombas

Em 10 de fevereiro de 1980, o presidente, diretores e um grupo de militantes do Sindicato dos Metalúrgicos de São Bernardo do Campo e Diadema, sindicalistas de outras categorias, militantes de vários setores sociais, intelectuais, ex-presos e exilados políticos aprovaram o manifesto de fundação do Partido dos Trabalhadores.

A criação de um partido que representasse a classe trabalhadora já havia sido objeto de discussão no 3º Congresso da categoria, em 1978. A proposta havia sido apresentada por Lula. "Na época, ele argumentava que os trabalhadores precisavam eleger seus próprios representantes no Congresso Nacional".[1] Com a aprovação do pluripartidarismo, a comissão provisória da legenda foi articulada no ano seguinte. "Foi a primeira legenda organizada após a reforma partidária que extinguiu o MDB e a Arena. A criação do PT surpreendeu a ditadura, que não contava com um partido de esquerda nascido de bases populares. Também surpreendeu setores da oposição que defendiam a formação de um partido social-democrata ou a permanência da esquerda no PMDB".[2]

Com este novo arranjo institucional, a década de 1980 começaria com cinco partidos. A Aliança Renovadora Nacional (Arena), governista, transformou-se no Partido Democrático Social (PDS), o MDB virou o Partido do Movimento Democrático Brasileiro (PMDB), e governistas descontentes recriaram o Partido Trabalhista

---

1 DAS fábricas e das ruas, PT chega para mudar. *Memorial da Democracia.*

2 *Idem.*

Brasileiro (PTB). E pelas mãos da oposição nasceram o Partido Democrático Trabalhista (PDT) e o Partido dos Trabalhadores (PT).

No cenário sindical do ABC, para garantir o sucesso da campanha salarial de 1980, a direção do sindicato desenvolveu várias ações, entre elas a realização de um planejamento baseado no mapeamento das empresas da base, classificando-as em grupos e subgrupos, a origem do capital e o número de trabalhadores. Também foram realizadas assembleias no estádio da Vila Euclides para denunciar as más condições de trabalho e mobilizar a categoria.

Em uma delas, realizada em 21 de março, além de Lula e outros dirigentes sindicais, também ocupou o microfone João Batista Lemos, metalúrgico na Volkswagen que integrava a Comissão de Mobilização. Ele denunciou as condições de trabalho na montadora, sua participação foi elogiada pelos companheiros de trabalho e dias depois ele foi demitido, revelando a existência de agentes da segurança da Volkswagen infiltrados na assembleia.

E assim, mais uma vez, diante da resistência do patronato em negociar as reivindicações da categoria, a greve geral foi marcada para 1º de abril. As grandes empresas se preparavam para enfrentar o movimento, tanto que no dia seguinte à assembleia houve um encontro – na própria Volkswagen – com os representantes da segurança industrial de cerca de 50 empresas do ABC,[3] quando o coronel Adhemar Rudge fez um longo relatório sobre os preparativos da greve. A reunião foi acompanhada por um agente da polícia civil da seccional da região, que elaborou um documento de três páginas ao

3 Entre as empresas que se reuniam mensalmente estavam a Volks, General Motors, Termomecânica, Fiat, Chrysler do Brasil, Refinaria Recap, Petroquímica União e Mercedes Benz (com departamento de segurança industrial comandado por militar), mais Orniex, Rhodia, Pirelli, Ford, Firestone, Confab, Eletrocloro e Scania. Fonte: MARTINS, Richard de Oliveira. O Centro Comunitário de Segurança do Vale do Paraíba (CECOSE/VP): Cumplicidade patronal-militar na "redemocratização". *História e Democracia – precisamos falar sobre isso*, Guarulhos, set. de 2018, p. 4.

delegado e que foi enviado na sequência ao DOPS. Do encontro, participou também um representante do Comando de Policiamento da Área Metropolitana, e este informou que "a Polícia Militar da área está em condições de prestar seus serviços caso necessite dela."[4]

Movimento dura 41 dias e Fiesp divulga notícia falsa aos jornalistas

A greve durou 41 dias e foi uma das mais longas durante o período da ditadura. A Volks voltou a ceder espaço para a PM montar sua base regional e repetir atuação dos anos anteriores, reprimindo os grevistas. Os policiais realizaram dezenas de prisões daqueles que participavam de piquetes parando os ônibus que se dirigiam à empresa para convencer os trabalhadores a aderirem à paralisação.

Na terceira semana, a Fiesp iniciou campanha mentirosa nos meios de comunicação para mostrar uma expressiva volta ao trabalho através da manipulação de imagens e de declarações falsas de empresários. Para reforçar esse pretenso restabelecimento da normalidade, a Volkswagen abriu as portas para cerca de 100 jornalistas, restringiu a visita à montagem final dos veículos, onde concentrou os trabalhadores que conseguiu mobilizar, e ainda colocou a linha em movimento para reforçar as imagens a serem veiculadas nos noticiários das tevês. A empresa só não contava com a curiosidade de um fotógrafo que conseguiu sair daquela área e fez as imagens dos outros setores sem trabalhadores, desmascarando a farsa; quando descoberto, ele e todos os outros jornalistas foram convidados a deixar a empresa.

A greve novamente contou com amplo apoio social e o trabalho realizado nos bairros deu o fôlego necessário para sua continuidade, apesar da forte repressão policial. O IG Metall (sindicato alemão dos metalúrgicos) participou do amplo movimento de solidariedade aos grevistas, inclusive com doação em dinheiro; o pre-

4 Pasta 20-C-44-9072. *Arquivo Público do Estado de São Paulo.*

sidente da entidade, Egon Loderer, enviou carta ao presidente da República e ao ministro do Trabalho protestando contra a repressão, além de remeter inúmeros protestos à direção da Volks Brasil contra as medidas antissindicais da empresa.[5] Depois de nova intervenção no Sindicato e da prisão, em 19 de abril, de 11 diretores (entre eles Lula, que ficou detido por 31 dias), o movimento grevista começou a refluir e a volta ao trabalho se deu no dia 12 de maio; antes disso, a partir de 29 de abril, a Volkswagen já havia reativado as linhas de montagem de dois veículos: Fusca e Brasília.

Volks produz 150 boletins de ocorrência e demite militantes

Na volta ao trabalho, houve um estranhamento entre os que permaneceram em greve até o último dia e aqueles que haviam retornado antes. Na ferramentaria, o hábito era realizar uma espécie de confraternização logo na chegada, às 6 horas da manhã, quando os metalúrgicos se cumprimentavam, tomavam café, fumavam, conversavam um pouco e, em seguida, iam trabalhar. Mas, depois da paralisação, os "fura greve" não mereciam a saudação. "A gente ficava com as mãos para trás, ignorava a presença deles, e o cara baixava a cabeça e saía. Onde já se viu um ferramenteiro furar greve?", lembrou Vilmo Franchi, ferramenteiro que trabalhava na montadora desde 1978.[6] A normalidade nas relações só foi restabelecida um mês depois, mas, mesmo assim, ficou no ar um tipo de cobrança que demorou para desaparecer.

Durante a greve, o Departamento de Segurança Industrial da montadora enviou ao DOPS cerca de 150 boletins de ocorrência com relatos de ações ocorridas dentro e fora da empresa e a identificação dos trabalhadores ativistas; ao final do movimento, entregou ao órgão de segurança uma relação com 66 nomes de tra-

5 BARBOSA, Mário dos Santos. *Sindicalismo em tempos de crise, a experiência na Volkswagen do Brasil.* Santo André: Alpharrabio Edições, 2003, p. 108 e 109.

6 Entrevista concedida à autora em 10/05/2020.

balhadores considerados subversivos, seus dados pessoais (filiação, endereço e telefone), informações trabalhistas (função na empresa, setor e ala de trabalho) e atividades sindicais e partidárias.[7]

Depois da greve, a empresa demitiu 76 trabalhadores, alegando o envolvimento deles em brigas que resultaram em danos materiais, o que era inverídico, pois não houve piquetes na portaria e nem a direção da fábrica havia comunicado à matriz quais máquinas haviam sido danificadas em razão de pretensos conflitos entre operários dentro da empresa. Os demitidos nos dias subsequentes ao final do movimento grevista tiveram dificuldade de continuar na profissão de metalúrgico, já que viraram caso de polícia e seus nomes passaram a constar das "listas sujas".

Um dos dispensados foi o ponteador José da Costa Leite, que tinha sido admitido em 1976 e já tinha participado das greves de 1978 e 79. Ele havia sido preso junto com vários outros trabalhadores durante piquete na avenida Pereira Barreto, na região central da cidade, e encaminhado ao 1º Distrito Policial, onde permaneceu detido por um dia. Na volta ao trabalho, foi chamado no Departamento de Segurança para explicar sua ausência; ele disse que não tinha ido trabalhar por medo de apanhar dos trabalhadores por furar a greve. Foi demitido por justa causa – abandono do emprego, caracterizado por faltar por mais de 30 dias –, o que colocou fim à sua profissão de metalúrgico.[8]

Outro demitido por justa causa – o que significava não receber as verbas rescisórias – foi o ponteador Cláudio Rodrigues, que trabalhou sete anos na Volkswagen. Ele havia sido detido fazendo piquete em avenida central da cidade, foi levado para a delegacia e fichado pelos órgãos de segurança. Cláudio contou que, sete dias depois de terminada a greve, foi dispensado e só conseguiu outro

7 MINGARDI, Guaracy. A participação da indústria paulista na repressão política – o caso Volkswagen. *Ministério Público Federal*, set. de 2017, anexo 27.

8 Entrevista concedida à autora em 12/03/2020.

emprego em abril de 1981, na função de vigilante, com salário equivalente a 40% do que ganhava na Volks.[9]

Já o ferramenteiro Narcizo Domingues de Faria, detido sob a acusação de portar panfletos defendendo a greve, foi fichado na delegacia da polícia de São Bernardo e depois encaminhado ao DOPS, onde ficou preso por 12 dias sem acusação formal. Foi demitido no dia 20 de maio e conseguiu emprego cinco meses depois, por indicação de amigos, no setor da indústria plástica. No dia da demissão ficou de castigo no "chiqueirinho" e no final da tarde dois seguranças o acompanharam até a portaria, impedindo que ele retirasse seus pertences pessoais do armário.[10]

Já o soldador Narruden Paulo Valadares foi preso em flagrante no dia 16 de abril, acusado de, durante piquete, jogar pedras em carros com trabalhadores fura greve, e foi liberado após o pagamento de fiança. Dias depois, em novo piquete nas proximidades da Volkswagen, foi detido por policiais militares que o conduziram ao pátio da empresa e o agrediram fisicamente. Afirmou que as agressões deixaram sequelas irreparáveis que, num primeiro momento, limitaram sua locomoção e, depois, provocaram a amputação de sua perna direita.[11] Ele foi afastado compulsoriamente do trabalho até se aposentar por invalidez em 1983.

Autoritarismo de Sauer incomoda matriz

Wolfgang Sauer saiu da greve com a imagem desgastada perante os representantes dos trabalhadores na Volks alemã, tanto que Albert Shunk, diretor do IG Metall, durante reunião da Comissão de Fábrica, exigiu que a diretoria da empresa interferisse mais na conduta dele. De acordo com o estudo do historiador Christopher Kopper, "Sauer impressionou os seus colegas na diretoria e os co-

9 Entrevista concedida à autora em 29/07/2022.

10 Entrevista concedida à autora em 24/06/2022.

11 *Idem.*

laboradores na Volks do Brasil [...], mas aborreceu os seus colegas em Wolfsburg com o seu estilo de administração autoritário".[12]

Além das demissões, a Volkswagen desencadeou um processo de perseguição e assédio moral aos operários que tiveram algum tipo de militância. O técnico em metalurgia Geovaldo Gomes dos Santos foi um deles, por ter participado da Comissão de Mobilização e da organização de piquetes. Como não podia ser demitido pela estabilidade que tinha como integrante da Comissão Interna de Prevenção de Acidentes (CIPA), foi impedido de entrar na empresa por quatro dias e só voltou depois de intervenção da diretoria do Sindicato, mesmo assim deslocado para o setor de Processos Industriais, em atividade diferente de sua formação e com menor potencial de ascensão profissional, num claro movimento da empresa de esperar o término de sua estabilidade para demiti-lo. No jargão operário, ele foi "encostado".

A reação dos trabalhadores do controle de qualidade foi entregar um abaixo-assinado à gerência indicando Geovaldo para disputar novamente uma vaga na CIPA e, no caso de impedimento por parte da empresa, o registro seria feito na Delegacia Regional do Trabalho. Ele concorreu e foi o candidato mais votado. Depois de três mandatos na CIPA, cumpriu mais dois na Comissão de Fábrica e, em 1987, foi para a diretoria do Sindicato, onde ficou até 2002. "Só não fui demitido porque, dos 29 anos e meio de Volks, eu passei 24 anos com estabilidade. Mas acabei ficando por mais de dois anos fora do plano de cargos e salários",[13] comentou. Se fosse demitido, teria dificuldade de encontrar trabalho, já que seu nome e dados pessoais constam em vários documentos em poder do DOPS, Serviço Nacional de Informações (SNI), Exército, Polícia Federal, alguns deles fornecidos pela Volkswagen.

---

12 KOPPER, Christopher. *A VW do Brasil durante a ditadura militar brasileira 1964-1985: uma abordagem histórica.* Bielefeld: Universidade de Bielefeld, 2017, p. 82.

13 Entrevista concedida à autora em 23/09/2020.

Volks cria Comissão de Fábrica "a favor"

Mesmo tendo negado, durante a greve, a instituição da figura do delegado sindical, meses depois a direção da Volkswagen anunciou que iria implementar a Comissão de Fábrica. A sugestão havia sido feita pelo diretor de Recursos Humanos Karl-Heinz Briam, mas, diferentemente do ocorrido na matriz, o estatuto na fábrica brasileira foi elaborado sem a participação dos trabalhadores e à revelia da direção do Sindicato, naquele momento cassada pelo Ministério do Trabalho, mas exercendo, de fato, o comando da entidade.

O estatuto elaborado pela empresa garantia aos membros a estabilidade no emprego e 50 horas mensais para o exercício da representação, mas restringia a competência da comissão aos assuntos operacionais, como condições de trabalho, duração da jornada e questões disciplinares. Ela seria composta por 22 trabalhadores – 17 horistas e cinco mensalistas (funcionários administrativos) – para representar os mais de 40 mil funcionários. A cláusula mais polêmica do estatuto determinava que a comissão seria composta por sindicalizados e não-sindicalizados na mesma proporção, "com o propósito de criar um sistema de representação atrelado aos seus interesses, que pudesse ser utilizado como instrumento para esvaziar a influência do Sindicato dos Metalúrgicos e mantê-lo à distância".[14]

A direção do Sindicato dos Metalúrgicos – com apoio do IG Metall – rejeitou o estatuto unilateral e passou a pedir voto ao *João Ferrador*, personagem símbolo da categoria, como forma de denunciar a intenção da empresa de criar uma Comissão de Fábrica favorável aos seus propósitos. Dos 32 mil votos (91% do total de eleitores) recolhidos, somente 45% foram considerados válidos; 12% votaram em branco, 20% foram invalidados por terem nomes de dois candidatos sindicalizados e

14 KOPPER, Christopher. *A VW do Brasil durante a ditadura militar brasileira 1964-1985: uma abordagem histórica.* Bielefeld, Universidade de Bielefeld, 2017, p. 111.

23% escolheram *João Ferrador* como representante.[15] Mesmo com o reduzido número de votos válidos, o que diminuía a sua representatividade, a comissão tomou posse em setembro de 1980, mas durante todo o mandato foi combatida pelo Sindicato – que a via como uma tentativa de golpe contra a organização dos trabalhadores – e acabou ficando sem o apoio político necessário para se instituir como um canal de representação eficiente entre os metalúrgicos e a direção da empresa.

Regime não segura seus agentes e explosões tentam assombrar a sociedade

Para além do apoio do IG Metall, a greve de 41 dias no ABC paulista mobilizou diversos setores da sociedade – também em função da aposta errada do governo em prender os sindicalistas. Manifestações foram realizadas em todo o país e artistas solidarizaram-se aos grevistas e, mesmo proibidos, fizeram um show no 1º de Maio daquele ano para apoiar o movimento.

A truculência do governo mostrou que a abertura que dizia promover não era como alardeava. "Em conversas com políticos da Arena, divulgadas pelos jornais da época, o general presidente João Baptista Figueiredo reconheceu que a greve havia provocado 'um desgaste enorme para o governo'".[16] Como afago à sociedade, enviou ao Congresso emenda constitucional restabelecendo a eleição direta para governadores dos estados, que foi aprovada por unanimidade.

Outro desgaste vivido por Figueiredo e que permeou o ano de 1980 foram as ações simultâneas de agentes e de grupos paramilitares da chamada linha dura, que queriam impedir a abertura

---

15 KOPPER, Christopher. *A VW do Brasil durante a ditadura militar brasileira 1964-1985: uma abordagem histórica.* Bielefeld, Universidade de Bielefeld, 2017, p. 87 e 88.

16 DITADURA ataca a greve do ABC e Lula é preso. *Memorial da Democracia.*

do processo democrático. Primeiro, eles incendiaram bancas de jornais que vendiam publicações da imprensa alternativa e, na sequência, promoveram atentados a bomba nas redações desses jornais, em livrarias, instituições envolvidas na luta pela redemocratização e até mesmo em supermercados e praças públicas, ferindo dezenas de cidadãos. A ação destes agentes que gerou mais repercussão aconteceu em 27 de agosto, quando uma carta-bomba enviada à sede da Ordem dos Advogados do Brasil (OAB), no Rio de Janeiro, provocou a morte de Lyda Monteiro da Silva, secretária do presidente da entidade.

13. 1981-1982: retração econômica e inflação nas alturas dão início à "década perdida". Volks faz demissões em massa, mas trabalhadores seguem mobilizados, inclusive mensalistas

Os atentados terroristas com explosivos continuaram em 1981 – e o mais emblemático da ação de agentes do DOI-Codi aconteceu em 30 de abril, quando uma bomba destinada ao público de show no Riocentro em homenagem ao 1º de Maio explodiu no colo dos dois militares encarregados da ação, que estavam no estacionamento do local dentro de um carro. O sargento do Exército Guilherme Pereira do Rosário morreu na hora e o capitão Wilson Dias Machado ficou gravemente ferido. Foi o último atentado a bombas do qual se teve notícias naquele período.

Também nesse ano, os brasileiros passaram a sentir ainda mais os efeitos da estagflação, fenômeno que combina a retração da atividade produtiva com aumento da inflação e, consequentemente, do desemprego. Ao final de 1981, a inflação acumularia 95,18% e seguiria em curva ascendente. A política econômica do regime militar fazia água e seus reflexos perduraram nos anos seguintes, tanto que o período foi batizado de "década perdida" pelos economistas.

A região do ABC foi uma das mais atingidas por esse desastre econômico. Somente nos dois primeiros meses de 1981 a Volkswagen demitiu 5.700 trabalhadores; em seguida, propôs a redução da jornada de trabalho em 20% por três meses, com redução equivalente do salário, e a contrapartida de estabilidade no emprego pelo mesmo período. A proposta de jornada reduzida ganhou apoio da maioria dos membros da Comissão de Fábrica "chapa branca", mas foi combatida pela direção do Sindicato, que não via nela uma alternativa às demissões, mas uma tática da empresa para economizar em salários durante o trimestre e depois efetivar as dispensas; a proposta foi rejeitada por ampla maioria, entre 70% e 90% dos trabalhadores, revelando a falta de representatividade da comissão e o descrédito deles em relação à direção da Volks.

Um dos dispensados foi João Bosco, que havia sido admitido em 1964 para trabalhar no depósito de sucata, passou para a inspeção em 1967 e, depois de fazer cursos, chegou a feitor. Mesmo com cargo de chefia, era militante ativo. Tinha sido cipeiro entre 1969 e 1972, momento em que não havia estabilidade para exercer a função, e as demandas apresentadas raramente eram atendidas. "O que prevalecia era a produção, existia enorme dificuldade em parar as máquinas da linha, pois o trabalhador era visto como uma peça secundária", lembrou, em entrevista à autora. Bosco participou da organização das paralisações de 1978 e 1979, e na de 1980 fez parte do comando de greve, atividades que levaram a Volkswagen a colocá-lo na "lista suja" e a enviar seu nome ao DOPS até ser dispensado em março de 1981. "Fui monitorado o tempo todo e a demissão foi perseguição política". Procurou emprego em várias empresas, fez inúmeros testes e ouvia frases como "sua vaga já foi ocupada", "seu salário é muito alto", e nunca mais conseguiu emprego na área metalúrgica.[1]

Em maio houve eleição para a diretoria do Sindicato, pois a entidade estava sendo administrado por uma junta governativa, instituída depois da intervenção sofrida no ano anterior. Lula não concorreu à presidência, passando o cargo para Jair Meneguelli, trabalhador na Ford. A nova direção teve a difícil tarefa de "enfrentar as demissões em massa, a recessão econômica e um arrocho salarial ainda mais profundo e rigoroso do que aquele que vinha ocorrendo

---

1 Entrevista concedida à autora em 22/09/2020.

anteriormente".[2] Ela focou seu primeiro ano de mandato na organização de base, no fortalecimento das Comissões de Fábrica, em campanhas de sindicalização e em cursos de formação sindical.

Em julho de 1981 a Ford dispensou 400 operários, o que gerou uma greve de protesto dos nove mil trabalhadores na empresa. A mobilização, que durou cinco dias, não conseguiu a readmissão dos demitidos, mas assegurou estabilidade de quatro meses para o conjunto dos trabalhadores na fábrica e conquistou a sua Comissão de Fábrica.

No mesmo mês, a Volkswagen, com quase 35 mil funcionários e ainda com produção em baixa, estimulou a saída dos trabalhadores ao oferecer um pacote de benefícios de três salários mensais, manutenção do convênio médico até o final daquele ano e compra na cooperativa por mais duas semanas para aqueles que optassem por demissões voluntárias. A proposta foi aceita por 4.300 trabalhadores. Assim, a empresa encerrou o ano com 10.046 demissões e 320 contratações, promovendo um forte ajuste no nível de emprego.

Central sindical começa a ser construída

Mesmo com as amarras à legislação sindical e tendo de lidar com a alta do desemprego, representantes de 1.091 sindicatos urbanos e rurais de todo o país reuniram-se na 1ª Conferência Nacional da Classe Trabalhadora (Conclat), em Praia Grande (SP), entre os dias 21 e 23 de agosto. O encontro reuniu mais de cinco mil representantes e foi a primeira grande reunião operária a acontecer desde o golpe civil-militar de 1964, que havia sufocado o movimento sindical. A Conclat aconteceu no momento de ascensão do sindicalismo, tendo como pontos de unidade dos participantes a luta pela redemocratização do país, melhores salários e o combate à repressão aos trabalhadores.

---

2 OLIVA, Aloízio Mercadante; RAINHO, Luis Flávio (orgs.). *Imagens da Luta: 1905-1985*. São Bernardo do Campo: Sindicato dos Metalúrgicos de São Bernardo do Campo e Diadema, 1987, p. 215.

Da Conclat participaram todas as tendências políticas: os sindicalistas combativos, as oposições sindicais, os dirigentes moderados e os sindicalistas ligados às novas organizações de esquerda, mais as associações e entidades pré-sindicais. Em que pesassem as diferenças na forma de conduzir a luta das entidades, os participantes elegeram a Comissão Nacional Pró-Central Única dos Trabalhadores (Pró-CUT), com a atribuição de viabilizar a organização nacional em um ano, mas a fundação da CUT só aconteceria em de agosto de 1983.

1982: greve chega aos mensalistas na VW

Os efeitos da política econômica recessiva do governo continuaram pesando sobre os trabalhadores em 1982, e o desemprego seguia aumentando, o que reduzia a capacidade das entidades sindicais de mobilizarem os trabalhadores como nos anos anteriores.

Mesmo assim, diante da intransigência patronal em atender à reivindicação de aumento salarial dos metalúrgicos de São Bernardo e Diadema, novamente a categoria resolveu entrar em greve em junho. O movimento durou cinco dias.

Na Volkswagen, a paralisação começou nas alas 5, 13 e 14 e depois do almoço todos cruzaram os braços, inclusive os mensalistas. Pela primeira vez houve uma parada total na empresa, reunindo cerca de 28 mil trabalhadores, que terminou na sexta-feira, quando as montadoras concordaram com a reivindicação de 7% de adicional de produtividade e melhorias nas cláusulas sociais do acordo coletivo. Foi uma greve diferente, já que o Sindicato desconsiderou o sistema de segurança e realizou passeatas diárias dentro da empresa com carro de som, além de duas grandes assembleias internas reunindo milhares de trabalhadores.[3]

Uma das cláusulas conquistadas, de estabilidade de 30 dias aos metalúrgicos afastados por doença, garantiu por mais um tempo o empre-

3 VOLKSWAGEN: desta vez todos fizeram greve. *Tribuna Metalúrgica*, São Bernardo do Campo, jun. de 1982, n. 64, p. 6.

go do ferramenteiro Vilmo Franchi. Ele havia participado ativamente das greves de 1979 e 1980. Ao liderar movimento contra a Comissão de Fábrica criada unilateralmente pela empresa, foi deslocado para o subsolo da ala 5 como castigo pela sua militância. "O setor quebrava modelos e ferramental, era um local mal ventilado e tinha somente luzes de emergência. Além disso, fui proibido de conversar com o pessoal".[4] Vilmo recusou-se a fazer o serviço e recebeu uma advertência; só não foi demitido porque, com problemas na coluna, entrou em licença médica por 15 dias; voltou com estabilidade de 30 dias; na sequência, o médico renovou o afastamento por mais 15 dias e, depois do término da estabilidade, ele foi demitido em agosto de 1982.

O nome de Vilmo também foi colocado pela empresa na "lista suja". Para conseguir outro emprego, tirou uma nova carteira profissional para não revelar sua demissão na Volks e foi contratado pela Trambust, em São Paulo, fábrica de bancos e painéis para carro, mas, faltando alguns dias para cumprir o prazo de experiência, o supervisor e dois guardas tiraram-no do posto de trabalho, levaram-no até o Recursos Humanos para a demissão e depois o acompanharam até ele sair da empresa. Vilmo fez nova carteira de trabalho e foi admitido na Exata Master, onde meses depois foi avisado por um cipeiro que a empresa havia descoberto sua militância e preparava sua demissão. Como estava com epicondilite,[5] foi ao médico e ficou afastado por 15 dias, e na volta ganhou sua demissão; depois disso, ficou anos sem conseguir emprego na área metalúrgica, sofrendo toda sorte de dificuldades financeiras.

CCQ nasce desmoralizado

No primeiro semestre de 1982, a Volkswagen – aproveitando-se da Comissão de Fábrica "chapa branca" – desenvolveu o programa

---

4 Entrevista concedida à autora em 17/08/2020.

5 Inflamação dos tendões (tendinite) extensores dos músculos do antebraço.

Círculos de Controle de Qualidade (CCQ), de racionalização do trabalho, com a campanha *Juntos para o Futuro*, de estímulo à apresentação de ideias e sugestões voltadas à melhoria da qualidade dos produtos e do processo produtivo. Em decorrência da tradição autoritária e antissindical da empresa, a campanha foi vista com desconfiança pelos trabalhadores e contribuiu para intensificar a disputa ideológica entre o Sindicato e a montadora.

Antes de seu lançamento, um trabalhador mensalista levou as informações da campanha ao Sindicato e ajudou a preparar uma edição especial do jornal *Tribuna Metalúrgica,* tendo na capa a ilustração de uma caveira abraçada a um trabalhador exclamando a frase *Juntos para o Futuro*. "Quando o jornal foi distribuído na porta da fábrica, o pessoal ficou puto. Assim, nós destruímos o CCQ antes dele começar",[6] recordou Osvaldo Bargas, na época responsável pela comunicação da entidade. O programa teve um reduzido nível de envolvimento dos trabalhadores e foi encerrado meses depois.

Comissão de Fábrica de verdade

A criação de uma Comissão de Fábrica que representasse os interesses dos trabalhadores começou a se concretizar em setembro de 1982, a partir da visita de uma delegação do IG Metall ao Sindicato dos Metalúrgicos. O grupo era composto por Mandred Pusch, Jan Peter Jansen, Walter Hiller e Gerhard Mogwitz, membros da Comissão de Representantes dos Trabalhadores na Volkswagen da Alemanha, e conheceu detalhes das condições de trabalho na unidade do Brasil, a falta de relacionamento entre a empresa e o Sindicato e a imposição de um sistema de representação à revelia dos trabalhadores e do Sindicato.[7] Um dos diretores

6 Entrevista concedida à autora em 01/09/2020.

7 BARBOSA, Mário dos Santos. *Sindicalismo em tempos de crise, a experiência na Volkswagen do Brasil.* Santo André: Alpharrabio Edições, 2003, p. 113 e 114.

que recebeu a delegação foi Osvaldo Bargas: "Eles disseram que a Volks mundial iria investir aqui no Brasil ou na África do Sul e estavam conversando com os sindicatos dos dois países para decidir qual fábrica apoiar. E para a tomada dessa decisão tinha muito peso o nível de relação entre a fábrica e a representação sindical".[8]

Duas semanas depois dessa visita, a Volkswagen do Brasil e o Sindicato abriram negociações para a elaboração de um novo estatuto da comissão. As eleições foram realizadas em outubro e mesmo com a empresa realizando ações em prol dos candidatos colaboracionistas o resultado foi favorável ao Sindicato; das 24 vagas, 21 foram ocupadas por candidatos apoiados pela entidade. A posse aconteceu em 17 de dezembro.

A conquista da Comissão de Fábrica foi uma etapa importante na luta pela superação da cultura autoritária da Volkswagen, e ela se mostrou o instrumento adequado para encaminhar questões relacionadas ao respeito aos direitos trabalhistas, à melhoria das condições de trabalho e, inclusive, à organização do trabalho, tema que era acompanhado com limitações pela CIPA e que ganhou mais importância entre os metalúrgicos com a chegada dos primeiros equipamentos de comando numérico computadorizado.

Eleições de 1982 confirmam desgaste da ditadura

Nas eleições de 1982, Lula foi o candidato escolhido pelo PT para disputar o cargo de governador de São Paulo. Ele obteve 11% dos votos (mais de 1,1 milhão), e o vencedor foi o peemedebista Franco Montoro, com 49% (5,2 milhões).

O partido governista PDS (antiga Arena) ganhou a disputa para governador em 12 estados, e a oposição, em 10, incluindo os maiores (São Paulo, Rio de Janeiro, Minas Gerais, Espírito Santo, Paraná, Goiás, Mato Grosso do Sul, Pará, Amazonas e Acre).

8 Entrevista concedida à autora em 23/08/2020.

Com esse resultado, sabia-se que a ditadura não se sustentaria por muito tempo. Além de perder nos principais estados, na Câmara dos Deputados a oposição obteve maioria (244 cadeiras, contra 235 dos governistas).

Passada a eleição, o governo federal negociou empréstimo com o Fundo Monetário Internacional de US$ 4,5 bilhões, aceitando as imposições da organização. A principal delas foi o arrocho salarial. "A regra em vigor [em 1982] estabelecia reajustes semestrais com base na variação do Índice Nacional de Preços ao Consumidor (INPC), que já era expurgado. A faixa salarial até três mínimos recebia mais 10% do índice, a título de produtividade. O acordo previa acabar com a produtividade, o que daria início a uma dura batalha dos sindicatos e das oposições".[9]

9 DEPOIS da eleição, FMI chega ao país. *Memorial da Democracia.*

14. Arrocho salarial aumenta, novas tecnologias chegam e mais uma articulação empresarial-policial é formada

Seguindo as imposições do Fundo Monetário Internacional, em janeiro de 1983 o presidente João Batista Figueiredo assinou decreto estabelecendo nova política salarial e impondo mais perdas ao poder de compra dos salários.

A medida foi a responsável pelas greves de trabalhadores naquele ano, que começaram com os petroleiros de Campinas e Paulínia (SP) no início de julho. Esse movimento fez com que, pela primeira vez na história da categoria, os metalúrgicos de São Bernardo do Campo decidissem cruzar os braços em solidariedade aos petroleiros. O gesto foi repetido por várias categorias em diversas cidades do país.

A paralisação em São Bernardo do Campo teve início em 7 de julho e envolveu cerca de 50 mil metalúrgicos – trabalhadores na Volkswagen, Mercedes-Benz, Ford e outras quatro indústrias menores –, que depois de uma semana conseguiram um índice acima do determinado pelo decreto governamental. Diante dos movimentos reivindicando aumento salarial, a Volks instituiu o abono, valor não incorporado na remuneração mensal, que depois passou a ser o 14º salário e, em negociação com a Comissão de Fábrica, se transformaria na PLR – Participação nos Lucros e Resultados.

Embora tivessem conquistado a reivindicação, a greve de 1983 – com manifestações públicas e deflagrada em solidariedade a outra categoria – fez com que o governo militar determinasse, pela quarta vez, a intervenção no Sindicato dos Metalúrgicos, medida que durou um ano. Mesmo assim, os trabalhadores apoiavam a diretoria cassada, que se instalou num imóvel em frente ao Sindicato e continuou sendo a interlocutora das demandas nas fábricas e a principal articuladora do congresso que, em 28 de agosto, fundou a Central Única dos Trabalhadores. Jair Meneguelli, presidente cassado do Sindicato, foi o escolhido para estar à frente da CUT.

Os diretores cassados também lideraram a categoria na primeira greve geral no país depois do golpe militar, realizada no dia 21 de julho, contra o decreto-lei do governo federal que impunha arrocho salarial. Mais de dois milhões de trabalhadores envolveram-se no movimento em todo o país, com concentração em São Paulo e no ABC, e a realização de passeatas em outras capitais, com a palavra de ordem "Fora daqui o FMI". Essa foi a primeira grande luta nacional que unificou os trabalhadores após as greves de 1978 e 1979. De volta ao cenário político, os sindicalistas sentiram-se fortalecidos para desenvolver ação inédita de convencimento junto aos deputados federais pela reprovação do decreto nº 2.024 de arrocho salarial, que foi derrubado em 21 de setembro durante sessão com as galerias do Congresso Nacional totalmente ocupadas por trabalhadores, em mais um duro golpe contra os militares.

Novas tecnologias, outro desafio para os trabalhadores

Além da luta salarial, no dia a dia os metalúrgicos conviviam com mudanças no processo produtivo. Desde o início da década, de forma modesta e pontual, as montadoras vinham sendo as precursoras na implantação das novas tecnologias.

Na Volks, os primeiros sinais de modernização na produção começaram em 1983, com a implantação de um equipamento de solda computadorizado na linha de armação de carrocerias, na ala 2, que ganhou o apelido de *Jumbo* e gerou polêmica entre a Comissão de Fábrica e a direção da empresa. A comissão criticava a ausência de informação sobre os novos projetos, e os trabalhadores entendiam que deveriam ter uma participação maior nos resultados das inovações tecnológicas com contrapartidas de melhor qualidade de vida, redução da jornada de trabalho e melhoria salarial. Para encaminhar as demandas apresentadas pelos trabalhadores, a Comissão de Fábrica incorporou temas relativos ao emprego e ao processo produtivo e deu início a um movimento em direção a ações mais propositivas e menos denuncistas.

Cecose: Volks lidera grupo empresarial para ações contra trabalhadores

Em 1983, as grandes empresas criaram o Centro Comunitário de Segurança do Vale do Paraíba (Cecose). A entidade reunia 25 grandes empresas[1] – multinacionais, nacionais e estatais – e representantes das Forças Armadas e da Polícia Civil, com o objetivo de mapear as mobilizações dos trabalhadores para tentar conter as greves. Para tanto, os coordenadores dos departamentos de segurança dessas empresas realizavam reuniões mensais para a troca de informações sobre a situação nas fábricas, principalmente quanto à organização, às atividades e às atuações dos sindicatos e das entidades políticas.

Os documentos encontrados no Arquivo Nacional e no Arquivo do Estado de São Paulo mostraram que a vigilância e o controle eram os mesmos dos anos 1970, mudando apenas os objetivos. Já não era mais o combate à subversão por agressão à Lei de Segurança Nacional e sim o combate ao trabalhador, um inimigo a ser enfrentado por exigir mais salário e melhores condições de trabalho.

1 Caterpillar, Cebrace, Embrapa, Ericsson, Fi-El, Ford, General Motors, Johnson & Johnson, Kodak, National, Phillips, Rhodia e Volkswagen (transnacionais); Avibrás, Confab, Engesa, FNV, Mecânica Pesada, Tecelagem Parahyba, Vibasa e Villares (nacionais); Cosipa, Embraer, Petrobras e Telesp (estatais). Fonte: MARTINS, Richard de Oliveira. O Centro Comunitário de Segurança do Vale do Paraíba (CECOSE/VP): Cumplicidade patronal-militar na "redemocratização". *História e Democracia – precisamos falar sobre isso*, Guarulhos, set. de 2018.

Era uma adaptação dos métodos truculentos dos anos anteriores aos novos ares, em um momento de distensão da ditadura rumo à democracia, apesar das sérias desconfianças das empresas em relação à abertura política que apontava para um futuro incerto.

Foram encontradas duas séries de informes, a primeira entre 1983 e 1985.[2] São 17 informes produzidos por oficiais da Escola de Especialistas da Aeronáutica, subordinados ao Centro de Informações e Segurança da Aeronáutica, período em que a Volkswagen se destacava do grupo e assumia sua coordenação; também era a empresa que mais apresentava informações sobre as ações sindicais e a que mais colaborou com as "listas sujas". Vale destacar que desde 1974 a Volks tinha também uma unidade fabril em Taubaté, no Vale do Paraíba.

Dois anos depois da criação do Cecose, o Informe nº 114, de 27 de setembro de 1985, não deixou dúvidas em relação a seus objetivos:

"Após a realização de greve em diferentes indústrias são relacionados, pelas firmas, os ativistas que se destacaram durante a greve".

"As relações são passadas de uma para outra indústria e cabe a decisão à empresa que recebeu admitir ou não o ativista relacionado".

"A prática descrita acaba deixando desempregados os ativistas e militantes".[3]

A identificação e divulgação dos ativistas já era uma prática adotada como rotina pelo Departamento de Segurança Industrial da Volkswagen. Logo após a greve de 1979, um informe da CISA relata que a Volks havia demitido cerca de 320 operários "em razão de suas atividades durante a greve" e, entre os dispensados, cita 33 deles considerados "elementos com antecedentes por subversão", relacionando nome, filiação, atividades sindicais e políticas, com

2 Sobre a segunda série, ver Capítulo 17.

3 MINGARDI, Guaracy. A participação da indústria paulista na repressão política – o caso Volkswagen. *Ministério Público Federal*, set. de 2017, anexo 27.

ou sem antecedentes considerados subversivos, mostrando a estreita relação entre a empresa e a polícia política.

A relação entre o Departamento de Segurança Industrial e a polícia era de auxílio mútuo, tanto na troca de informações como na repressão. Em determinadas situações, a Volkswagen atuava como parceira auxiliar da polícia, fornecendo informações sobre o cotidiano da fábrica e identificando os trabalhadores investigados, e em outros momentos os seguranças assumiam o protagonismo da repressão, contando com a polícia para tarefas de apoio na condução de piqueteiros para serem ouvidos na empresa e depois levados à delegacia de polícia.

Para o cientista político Richard de Oliveira Martins, é razoável supor que a preocupação em organizar a repressão ao movimento operário, em meados da década de 1980, partisse mais do lado das indústrias do que dos próprios órgãos repressivos do Estado: "As empresas, a partir de seus serviços de 'segurança patrimonial', utilizavam-se do apoio e inclusive do *know-how* militar para tomar a dianteira no monitoramento do movimento operário e na aplicação de uma repressão patronal, isto é, formas de retaliação (perseguição, assédio moral, demissões, desemprego prolongado) das quais podiam se valer contra ativistas sindicais, grevistas ou trabalhadores que protagonizassem ou se envolvessem em algum tipo de contestação".[4]

Sociedade pede Diretas Já e a volta da democracia

Enquanto a Volks e as grandes empresas insistiam em manter vivo o estado policialesco da ditadura, os trabalhadores e a sociedade avançavam na luta pela redemocratização. Além das greves e

---

4 MARTINS, Richard de Oliveira. O Centro Comunitário de Segurança do Vale do Paraíba (CECOSE/VP): Cumplicidade patronal-militar na "redemocratização". *História e Democracia – precisamos falar sobre isso*, Guarulhos, set. de 2018.

manifestações contra o arrocho salarial e o FMI, em 27 de novembro de 1983 aconteceu em São Paulo, na Praça Charles Muller, o primeiro ato público em defesa das eleições diretas para presidente da República, que naquele ano havia sido apresentada na Câmara dos Deputados através de uma proposta de emenda constitucional (PEC) protocolada em março pelo deputado Dante de Oliveira (PMDB-MT).

A campanha *Diretas Já* ganhou a adesão de todos os setores progressistas da sociedade e, nos quatro primeiros meses de 1984, levou milhões de pessoas às ruas em todo o país. Em abril, mesmo com o clamor social, uma manobra dos governistas (cuja maioria se ausentou do plenário) na sessão que votaria a PEC fez com que ela não tivesse votos suficientes para ser aprovada. No entanto, a grande mobilização nacional pelas diretas – aliada ao crescimento contínuo da organização dos trabalhadores e dos movimentos populares – foi a pá de cal que faltava para que os militares deixassem o comando da nação.

15. Democracia chegou ao país por via indireta e a prática repressiva se manteve

O ano de 1985 marcou o início da Nova República, com um governo civil assumindo a Presidência – ainda não eleito pela população – depois de duas décadas de governos militares.

Ele também foi marcado por cerca de mil greves no país, que reivindicavam a recomposição do poder de compra do salário e a redução da jornada de trabalho para 40 horas semanais, que na época alcançava até 48 horas. Os metalúrgicos de São Bernardo e Diadema iniciaram a sua paralisação em abril. Era a greve *Vaca Brava*, que consistia em parar a cada dia um setor diferente das empresas.

Cerca de um mês antes da paralisação, o motorista Paulo Sérgio Ribeiro Alves – que havia sido da Comissão de Fábrica na Volkswagen e era diretor de base do Sindicato – organizou os trabalhadores do setor de transporte para reivindicar o fim de critérios subjetivos na tabela salarial. "Existiam várias faixas, não havia aumento de mérito, a chefia avaliava mal", explicou.[1] Eles cruzaram os braços e, com isso, as máquinas ficaram sem peças para reposição, os setores foram parando – a pintura, a montagem, as prensas – e 17 dias depois toda a fábrica ficou paralisada. Com o movimento, a empresa refez a tabela para discriminar faixas e promoções e definir critérios; os aumentos, por exemplo, passaram a ser automáticos. Três meses depois, a empresa estendeu a nova tabela para todos os

1 Entrevista concedida à autora em 04/11/2020.

setores e o salário deixou de ser um assunto confidencial e secreto, como queriam os chefes.

Em maio, durante a greve *Vaca Brava*, Paulo Sérgio comandava uma assembleia dentro da empresa com milhares de trabalhadores quando guardas de segurança, policiais civis e agentes infiltrados fizeram uma linha de isolamento entre ele e o pessoal; levaram-no na base de tapas, socos e empurrões para o "chiqueirinho" do setor de segurança, onde ficou das 11 horas até às 19 horas e depois foi conduzido para fora da empresa. A Volks suspendeu seu contrato de trabalho alegando apuração de falta grave, o que acarretou uma situação inusitada, já que não deu baixa na sua carteira profissional, mas suspendeu o pagamento do salário e o plano de saúde.

Todas as tentativas feitas pelo Sindicato de encaminhar uma solução fracassaram, e ele permaneceu nessa situação por 17 anos, obrigando-o a sobreviver de atividades extras. Ao completar o período necessário para aposentadoria, a empresa encerrou o contrato em fevereiro de 2002, mas não acertou os direitos referentes aos 17 anos em que ele esteve afastado. A permanência de Paulo Sérgio no "chiqueirinho" foi o último caso de cárcere privado de trabalhadores que o Sindicato tomou conhecimento.

A greve *Vaca Brava* durou 54 dias, até que as empresas começaram a fazer acordos isolados com o Sindicato, reduzindo a jornada semanal entre 40 e 44 horas. Até maio, 55 acordos já haviam sido assinados. A Volks – e as outras montadoras – não concordaram com a redução da jornada; o acordo previa o pagamento total do Índice Nacional de Preço ao Consumidor (INPC), 5% de produtividade, 100% de adicional em horas extras e reversão das demissões por justa causa.

Nesse movimento, a empresa usou do mesmo expediente dos anos anteriores e demitiu trabalhadores que considerava perigosos, colocando seus nomes na "lista suja". Na unidade de caminhões, por exemplo, onde os metalúrgicos ficaram acampados na fábrica durante a greve, num mesmo dia (29 de abril) três militantes foram demitidos: Cícero Ramos de Oliveira, o Sacolinha, Mitsuo Tinem e Vicente das Graças Ulisses. Nenhum deles conseguiu mais emprego no ramo metalúrgico e seus nomes foram parar na "lista suja" e nos arquivos dos órgãos de informação do governo.

Ainda em 1985, por ocasião da renovação do estatuto da Comissão de Fábrica na Volkswagen, uma nova cláusula foi incluída, dando direito aos trabalhadores de acompanharem o processo de automação da empresa; não significava poder de veto, mas a obrigação de comunicar à Comissão de Fábrica toda inovação tecnológica a ser implementada pela Volks. "A Comissão de Fábrica da Volks é a primeira, entre as metalúrgicas do Brasil, a ter em seus estatutos o direito de receber informações de caráter técnico sobre a implantação de novas tecnologias no processo de reestruturação produtiva".[2]

Conluio com forças da repressão prosseguiu

Em São José dos Campos, a greve na unidade da General Motors, iniciada em 11 de abril, alcançou uma situação extrema. Depois de duas semanas a empresa dispensou 93 operários, e a resposta dos grevistas foi a ocupação total da fábrica, quando os trabalhadores impediram por dois dias a saída de 370 mensalistas, sob cerco da polícia e ameaça de invasão. Ao final, 404 metalúrgicos foram demitidos, 33 deles foram processados criminalmente e todos tiveram seus nomes incluídos na "lista suja".

Os relatórios das reuniões do Cecose deixaram de ser elaborados depois que o vereador Luiz Paulo Costa, em setembro de 1985, denunciou na Câmara Municipal de São José dos Campos o caráter político da lista elaborada pela General Motors com

2 SALES, Telma Bessa. *Trabalhadores em tempos de reestruturação produtiva: Volkswagen de São Bernardo do Campo*. São Paulo: Annablume/Fapesp, 2002, p. 69.

os nomes dos trabalhadores demitidos depois da greve ocupação. Ele pediu punição para a empresa caso fosse comprovada a lista, que a classificou como uma atitude discriminatória e revanchista. Como na reunião de 7 de agosto, o representante da GM já havia falado sobre o vazamento de dados relativos a assuntos tratados nas reuniões do Cecose, inclusive com a revelação dos nomes dos participantes do centro, é provável que os relatórios deixaram de ser feitos para garantir o sigilo dos encontros e dos assuntos ali tratados. Mas a atuação do grupo prosseguiu, em que pesasse o fim do regime militar.

"Emendão" garante Constituinte e eleições diretas

Dois meses após José Sarney assumir a Presidência da República, o Congresso Nacional aprovou um pacote de emendas constitucionais – chamado de "Emendão" – que alterou vários dispositivos da Constituição, em vigor desde 1967, suprimindo todos os atos de exceção do regime militar.

"O 'Emendão' extinguiu o Colégio Eleitoral, que formalizava a eleição indireta dos generais presidentes na ditadura, e restabeleceu as eleições diretas para presidente e para todos os cargos eletivos. Com atraso, atendeu ao clamor dos milhões de brasileiros que, um ano antes, haviam saído às ruas exigindo Diretas-Já. A legislação partidária foi modificada para permitir a legalização de partidos proscritos, como o PCB e o PCdoB".[3]

O Congresso também aprovou que o país escrevesse uma nova Constituição, dando a atribuição aos parlamentares a serem eleitos no ano seguinte, 1986.

3 EMENDÃO remove lixo autoritário. *Memorial da Democracia.*

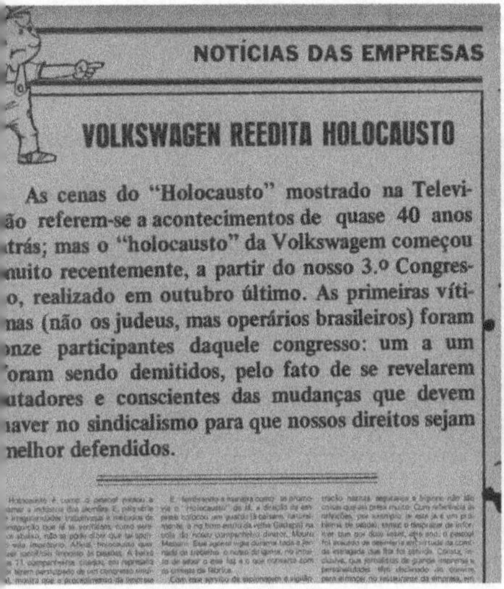

NOTÍCIAS DAS EMPRESAS

VOLKSWAGEN REEDITA HOLOCAUSTO

As cenas do "Holocausto" mostrado na Televi-
ão referem-se a acontecimentos de quase 40 anos
trás; mas o "holocausto" da Volkswagem começou
nuito recentemente, a partir do nosso 3.º Congres-
o, realizado em outubro último. As primeiras víti-
nas (não os judeus, mas operários brasileiros) foram
nze participantes daquele congresso: um a um
oram sendo demitidos, pelo fato de se revelarem
utadores e conscientes das mudanças que devem
aver no sindicalismo para que nossos direitos sejam
nelhor defendidos.

na Metalúrgica* (dezembro de 1978) e *Repórter Especial* (novembro de 1979) denunciam
mo" na Volkswagen

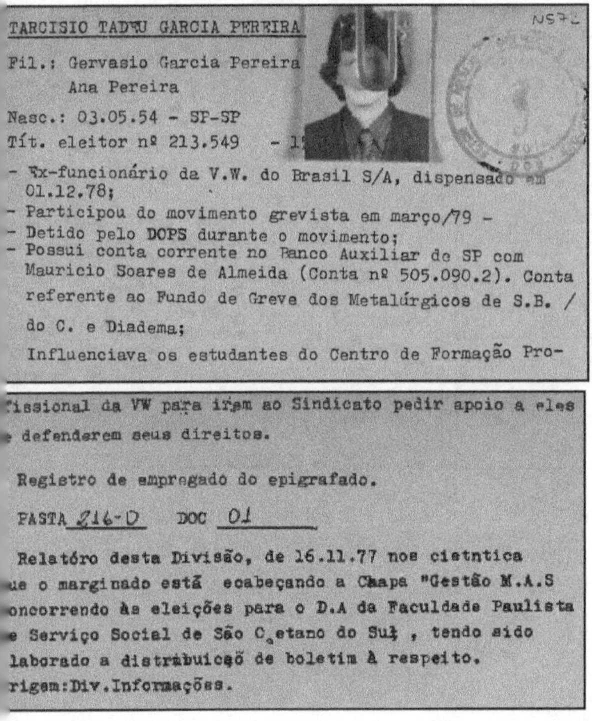

TARCISIO TADEU GARCIA PEREIRA

Fil.: Gervasio Garcia Pereira
Ana Pereira

Nasc.: 03.05.54 - SP-SP

Tít. eleitor nº 213.549 - 1

- Ex-funcionário da V.W. do Brasil S/A, dispensado em 01.12.78;
- Participou do movimento grevista em março/79 -
- Detido pelo DOPS durante o movimento;
- Possui conta corrente no Banco Auxiliar de SP com Mauricio Soares de Almeida (Conta nº 505.090.2). Conta referente ao Fundo de Greve dos Metalúrgicos de S.B. / do C. e Diadema;

Influenciava os estudantes do Centro de Formação Pro-
fissional da VW para irem ao Sindicato pedir apoio a eles
defenderem seus direitos.

Registro de empregado do epigrafado.

PASTA 216-D DOC 01

Relatório desta Divisão, de 16.11.77 nos cientifica
ue o marginado está encabeçando a Chapa "Gestão M.A.S
oncorrendo às eleições para o D.A da Faculdade Paulista
e Serviço Social de São Caetano do Sul , tendo sido
laborado a distribuição de boletim à respeito.
rigem: Div. Informações.

Na ficha de Tarcísio Tadeu no DOPS consta até informação sobre conta bancária que mantinha para o Fundo de Greve da categoria

EXPEDITO SOARES BATISTA

R.G. 7.621.042

Filiação: Alcides Batista Saraiva
Julieta Soares de Jesus

Natural de DiamanTina /MG.

Dir. Sindicato dos Metalurgicos de São Bernardo do Campo.

- Contato de Carlos Gerard Alexandre.

- Rua Progresso, 147 - São Bernardo do Campo.
ou
- Rua Progresso, 197 - Vl Aurora - S. B. do Campo.

- Profissão: Inspetor de qualidade da firma ARTEVE

- Pedido de prisão preventiva e indiciamento no I 15/80 com mais 16 líderes grevistas.

- PASTA 218 DOC. 02

- ORGANIZAÇÃO: Convergência Socialista - Coorde de Piquetes.

- Ex-funcionário da Volkswagen do Brasil S/A, di sado em 08.07.76

- Membro da Diretoria do Sindicato dos Metalúrgi de SB do Campo e Diadema.

- Detido em 02.05.79 defronte a Villares quando piquete de maneira violenta.

CONFIDENCIAL

08. ATIVIDADES DO PARTIDO DOS TRABALHADORES (PT) EM SBCAMPO

-No dia 17JUN83 foram distribuidos na sede do Sindicato dos Metalúrgicos de SBCampo/Diadema panfletos intitulado "COMPANHEIROS TRABALHADORES" e subscrito por EXPEDITO SOARES BATISTA (Deputado Estadual do PT) no qual o parlamentar tenta justificar seu trabalho na Assembléia Legislativa.

Dentre outras coisas, denunciou (com base em documentos da Pastoral da Terra) as "arbitrariedades ocorridas na Fazenda Vale do Rio Cristalino da VW, no Pará, que mantém seus empregados em regime de escravidão".

No dia 22JUN, EXPEDITO SOARES esteve na Portaria de Pedestres da VW distribuindo o mesmo panfleto aos funcionários da empresa.

Ficha no DOPS traz informação sobre dispensa de Expedito Soares na Volks e sua atividade c diretor do Sindicato. Já o relatório do Cecose, de 1983, informa sobre atuação quando Expedi era deputado estadual (PT/SP)

SANTOS, Geovaldo Gomes dos

Sec. da Comissão de Fábrica da Volkswagen

Diretor do Sindicato e Funcionário da Fábrica Anchieta da Autolatina.

11-04-83 Presente em Assembléia realizada no Sind. Met. de S.B.C. e Diadema, em 09.04.83, onde o mesmo fez uso da palavra, citando o caso das depredações na Capital, sem contudo atingir, os governos Central e Estadual. (13-S-2-28).

30-06-83 Conf. recorte do jornal Diário Popolar, desta data, no artigo: MENEGUELLI SERÁ MESMO PROCESSADO POR OFENSA AO PRESIDENTE FIGUEIREDO, consta que o epigrafado foi orador na assembléia realizada em 30/03 quando testemunhou e confirmou as gravações transcritas nos autos do inquérito contra Meneguelli. (17-D-13-295).

02-2-84-Conf. BO nº05/84-1ºDP/De.Pól.Sec.ABCD-Anexo à Inf. nº157/84-DIS/DCS| às 11:30hs, na Rua João Basso,121/SBC, o nominado foi um dos 50 sindicalistas que invadiram as dependências do Sind. dos Met. de SBCampo a fim de exigir que os 07 funcionários demitidos no dia 31/1.p.p., fosse readmitidos. (13-S-2-378)

20.07.90- Ref.relatorio nº110/90-DIS/DCS, onde consta que o nominado participou de um tumulto na FORD, durante a greve da categoria. (17-D-15-016).FOTO

22.07.92- Ref.recorte do jornal Diário Popular,intitulado:"AUTOLATINA DEMITE 13 CULPADOS POR FRAUDE", onde consta que o nominado revelou que a Autolatina convocou na terça-feira passada os membros da comissão de fábrica para comunicar as dispensas por justa causa. (17-D-13-11.937)

Dia 21JUN83, foi realizada uma reunião com funcionários VW convida organizadores dentre os quais destacam-se:-

.CUSTÓDIO JOSÉ SOARES

.SÉRGIO ELEUTÉRIO e

.GEOVALDO GOMES DOS SANTOS

Estiveram presentes entre outros:-

.JOSÉ HENRIQUE MENDES, funcionário da Saab-Scania

.ANTONIO FERNANDES MARTINS, funcionário da Brastemp e

.JOSE ARCANJO DE ARAUJO, integrante da Comissão de Fábrica presidente do Fundo de Greve de SBCampo.

Na ocasião foi verificada a presença de uma Brasília branca, ano 7 MN-6101 de Santo André, cujo ocupante vestindo camiseta amarela do so esteve por alguns minutos dentro da sala de reuniões retirando- início da mesma. Posteriormente foi constatado que o proprietário é FERNANDO FRANCO DE OLIVEIRA - residente na Av. Varsóvia nº 486 - to André.

Em 22JUN, foi distribuido um panfleto convocando os funcionári os a participarem da reunião do dia 23JUN83 às 17:30 horas na se cato.

Geovaldo Gomes dos Santos: ficha no DOPS mostra que órgãos de repressão monitoraram ações por vários anos. O nome de Geovaldo também aparece em relatório do Cecose de 1983 participar da organização de Congresso dos Metalúrgicos

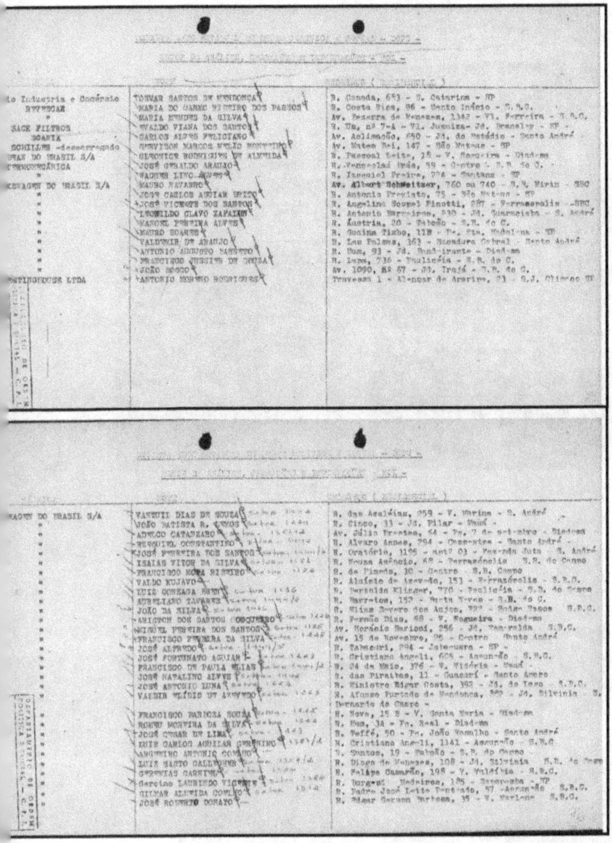

“Lista suja” produzida pela Volkswagen a partir das demissões em massa que atingiram a categoria em 1981 relaciona 77 trabalhadores que participaram da greve no ano anterior. Entre os nomes, consta o de João Bosco, que estava na empresa desde 1964 e teve dificuldade em conseguir emprego por ter seu nome no documento entregue ao DOPS

Edição especial da *Tribuna Metalúrgica* (janeiro de 1982), feita a partir de informações sobre os Círculos de Controle de Qualidade na Volkswagen, provocou revolta nos trabalhadores. O programa teve baixíssima adesão e foi encerrado meses depois

Rosa Gauditano/StudioR

Juca Martins

Jesus Carlos

Greve de 1979 na Volkswagen: piquete de trabalhadores para impedir chegada de ônibus fretado é observado por jornalistas (foto central) e depois dispersado por policiais

Rosa Gauditano/StudioR

Jesus Carlos

Jesus Carlos

Ação policial aos metalúrgicos na portaria da Volks para tentar dispersá-los na greve de 1979, com armas, carros e cavalaria

Jesus Carlos

A repressão à paralisação de 1979 também tomou as ruas de São Bernardo do Campo

João Bittar

Diretores e militantes do Sindicato distribuem jornal na portaria da Ford com a convocação de assembleia da categoria, em maio de 1979. Entre eles, estava Tarcísio Tadeu (de jaqueta de couro)

Jesus Carlos

Na greve de 1980, mais uma vez as forças policiais...

Jesus Carlos

...foram acionadas para reprimir o movimento na Volkswagen

Jesus Carlos

Durante a paralisação de 1980, passeata em São Bernardo do Campo teve participação de dirigentes sindicais de outras categorias...

Jesus Carlos

...que reforçaram o papel de liderança de Lula no movimento

Jesus Carlos

Assembleia no Estádio de Vila Euclides (atual 1º de Maio) aprova continuidade da greve de 1980, que acabou durando 41 dias

TRIBUNA METALÚRGICA

CUT

SÃO BERNARDO DO CAMPO

54 DIAS

A MAIOR PARALISAÇÃO DA NOSSA HISTÓRIA

REDUÇÃO DA JORNADA

CONQUISTA IRREVERSÍVEL DA NOSSA GREVE

NOSSA OPINIÃO pags 2,3 e 4

Garantir o TRIMESTRAL para todos pag 10

HISTÓRIA DA NOSSA LUTA pags 6 e 7

TRIBUNA METALÚRGICA

CUT

Jornal dos Trabalhadores Metalúrgicos de São Bernardo do Campo e Diadema

São Bernardo do Campo — Agosto/Setembro — 1983

Ano XIII — Nº 69

GREVE GERAL

IV Congresso

CONCLAT

Greve Geral

Capas da *Tribuna Metalúrgica* dão destaque às greves de 1983 e 1985

PARTE IV
1986-2014

Resquícios da ditadura persistem na economia e na sociedade; atrocidades do regime vêm à tona 50 anos depois do golpe

16. Hiperinflação assombra o país e nova Constituição amplia direitos

Aos poucos, o Brasil começou a trilhar o caminho da redemocratização, com a movimentação que culminou, em 1986, na primeira eleição para governadores pós-ditadura. E tão ou mais importante foi a eleição para o Congresso Nacional, que teve a missão de escrever a nova Constituição, que ficou conhecida como Constituição Cidadã.

Se, por um lado, o voto popular voltava a ganhar peso na escolha livre de seus representantes, por outro a população sofria as consequências da política econômica da ditadura militar, que perduraram ao longo dos anos 1980 e avançaram, ao menos, até a primeira metade dos anos 1990.

Ao final de 1985, primeiro ano de governo civil, a inflação anual terminou em 235,11% (no ano anterior, havia fechado em 224%), e o Brasil devia aos cofres do Fundo Monetário Internacional nada menos que 102 bilhões de dólares (em 1964, a cifra fora de 3,4 bilhões de dólares) –, resultado do endividamento público do governo militar para impulsionar o desenvolvimento econômico nas décadas anteriores, especialmente durante o período do chamado "milagre econômico" (1968-1973).

Os governos civis pós-ditadura editaram vários pacotes econômicos para controlar a inflação, que chegou à assombrosa soma anual de 1.782,90% em 1989. Para minimizar a corrosão dos salários ao longo desse período de alta do custo de vida, diversas medidas foram adotadas, entre elas o reajuste trimestral e o gatilho salarial, que aumentava as remunerações automaticamente quando a inflação atingia 20% ao mês. Mesmo assim, a recomposição total do poder de compra dos salários nunca era atingida.

Emendas populares buscam mais direitos

Enquanto lutavam por salários e empregos, trabalhadores de todas as categorias profissionais envolveram-se na campanha das emendas populares à Constituição (cada uma delas deveria ter, no mínimo, 500 mil assinaturas para ser admitida no Congresso Constituinte). O Sindicato dos Metalúrgicos de São Bernardo do Campo e Diadema empenhou-se em coletar adesões para emendas de cunho trabalhista.

Em todas as fábricas da base os trabalhadores foram mobilizados na campanha, com foco especial para a emenda popular de redução da jornada de trabalho para 40 horas semanais, sem redução de salário. Na época, a jornada legal de trabalho ainda era de 48 horas, a mesma desde 1932. Entre os metalúrgicos, por conta das mobilizações e acordos firmados, ela já estava sendo reduzida gradualmente. No entanto, no Congresso Constituinte, a maioria dos parlamentares, sob pressão do empresariado, não atendeu aos anseios dessa emenda popular e fixou a nova jornada legal em 44 horas semanais.

Alguns avanços em relação aos direitos trabalhistas no novo ordenamento jurídico foram a ampliação da licença-maternidade de 90 para 120 dias, da licença-paternidade de um para cinco dias, o direito de greve, a multa de 40% sobre o Fundo de Garantia por Tempo de Serviço (FGTS) em caso de demissão imotivada e adicionais de 50% nas horas extras e de um terço sobre a remuneração de férias, entre outros.

A Constituição Cidadã foi promulgada em 5 de outubro de 1988 e reafirmou ainda a eleição direta em todos os níveis, já garantida no chamado "Emendão" de 1985, e estabeleceu o pleito em dois turnos para cargos do Executivo em cidades com mais de 200 mil habitantes, caso o candidato mais votado não atingisse 50% mais um dos votos válidos no primeiro. Assegurou também o direito de voto aos jovens a partir dos 16 anos de idade.

A democracia participativa – cuja maior expressão era o voto – estava garantida no arcabouço jurídico do Brasil, mas os resquícios da ditadura perduraram.

17. Estado policialesco persiste, empresas continuam produzindo "listas sujas" e vítimas da ditadura lutam por justiça

Em que pesasse o avanço da retomada das liberdades democráticas, o estado policialesco implementado na ditadura contra a organização dos trabalhadores persistiu.

Na nova Constituição, o papel das forças militares e policiais não mudou e greves e manifestações seguiam consideradas como uma ameaça à ordem pública e à segurança nacional. A nova Carta manteve, em seu artigo 144 (sobre a segurança pública), o mesmo escopo do decreto-lei nº 667/69 editado pelo regime militar, que havia tornado "as forças policiais brasileiras instrumentos de poder do governo ditatorial, servindo aos seus propósitos de controle social".[1] Ou seja, os movimentos de trabalhadores e populares continuaram sendo inimigos a serem combatidos.

Ainda quando o Congresso e a sociedade discutiam a nova Constituição, as Forças Armadas atuavam na repressão às paralisações por salários e condições de trabalho. Em 28 de fevereiro de 1987, oficiais da Marinha ocuparam os portos para acabar com a greve deflagrada por 40 mil marítimos em vários pontos do país.

Dias depois, em 24 de março, o Exército ocupou 10 refinarias da Petrobras para inibir a greve nacional decretada pelos petroleiros. Ação semelhante só havia sido adotada logo depois do golpe de 1964.

---

1 BURATO, José. Sobre a origem da violência policial. In BUZETTO, Marcelo (org.), *Democracia e direitos humanos no Brasil: a ofensiva das direitas (2016/2020)*. São Paulo: CUT, 2021, p. 157.

Pouco mais de um mês da promulgação da Constituição, em 9 de novembro de 1988 o Exército e a Polícia Militar invadiram a Companhia Siderúrgica Nacional (CSN), em Volta Redonda (RJ), para acabar com a greve iniciada quatro dias antes. O saldo mostrou-se tão violento quanto na época da ditadura: três operários mortos e outros nove feridos.

Os metalúrgicos de São Bernardo do Campo e Diadema também não ficaram ilesos da repressão de agentes do Estado. Dois casos foram emblemáticos no pós-redemocratização. No que ficou conhecido como *Batalha de Piraporinha*, em 5 de maio de 1989 a Polícia Militar reprimiu com bombas, gás lacrimogêneo e tiros uma passeata de 20 mil metalúrgicos na avenida Piraporinha, num conflito que durou 30 minutos e deixou um saldo de cinco operários feridos a bala.[2] Em 26 de julho do ano seguinte, a tropa de choque da Polícia Militar cercou – e depois ocupou – as instalações da Ford, durante a chamada *Greve dos Golas Vermelhas*, paralisação iniciada pelos ferramenteiros em junho e que se alastrou para toda a fábrica, durando 50 dias.[3] Foi a última grande ação militar contra a categoria.

Apesar da truculência do Estado nesses movimentos, as paralisações por recomposição salarial e mais direitos trabalhistas ganharam força no período e, depois de 21 anos da ditadura, greves gerais foram organizadas no país, como as de 12 de dezembro de 1986 e de 14 e 15 de março de 1989. A classe trabalhadora continuava a reagir à corrosão em seus vencimentos, uma vez que os diversos pacotes do governo mostraram-se ineficazes para conter a escalada inflacionária e promover o desenvolvimento econômico-social nacional.

---

2 30 ANOS: Batalha de Piraporinha marca greve de 1989. *Sindicato dos Metalúrgicos do ABC*, 07 de maio de 2019.

3 25 ANOS da greve dos 'Golas Vermelhas' na Ford. *CUT*, 21 de jul. de 2015.

Empresas e polícia seguem monitorando trabalhadores. Sindicato ganha destaque em fóruns sobre desenvolvimento industrial

Entre as grandes empresas, o *modus operandi* adotado durante o regime militar continuou praticamente o mesmo nos anos seguintes à redemocratização. Elas ainda produziam e trocavam entre si as "listas sujas" de trabalhadores, identificando militantes sindicais e monitorando mobilizações.

O Centro Comunitário de Segurança do Vale do Paraíba, criado em 1983, e que tinha a Volkswagen em sua linha de frente, é um exemplo da ação empresarial articulada que prosseguiu mesmo com o fim da ditadura. A segunda série de documentos[4] localizados no Arquivo do Estado – que passaram a ser elaborados pelo Departamento de Comunicação Social da Polícia Civil – mostrou que o Cecose continuou atuando até, pelo menos, 1991, com os mesmos objetivos de trocar informações sobre a movimentação nas fábricas e a presença de ativistas para as empresas promoverem retaliações contra as lideranças e se prevenirem das greves.

A participação da Polícia Civil também significava que os empresários tinham à sua disposição acesso aos antecedentes criminais dos trabalhadores. Os documentos desta série sobre os encontros são mais sucintos, não pelo fato de o patronato estar abrandando a vigilância sobre os trabalhadores, mas talvez pela redução dos conflitos entre capital e trabalho, quando os dois lados acabaram definindo uma convivência – não pacífica ou de parceria, mas que que priorizava a negociação antes das ações mais radicais.

No caso dos metalúrgicos de São Bernardo do Campo e Diadema – depois das greves que foram decisivas para o término da ditadura –, sua entidade de classe obteve definitivamente o reconhecimento como representante da categoria e a mesa de negociação

4 Sobre a primeira série de documentos do Cecose, ver capítulo 14.

passou a ser, de fato, o caminho para a resolução de conflitos. As paralisações em campanhas salariais ou nas empresas, envolvendo questões específicas, tornaram-se os últimos recursos adotados pelos metalúrgicos que, a partir desse momento, passaram a viver com mais intensidade a modernização nas empresas, com reestruturação nas plantas, novos equipamentos e produtos e início da terceirização, em especial nas montadoras. O Sindicato e as Comissões de Fábrica negociaram o tempo todo o desenrolar desses processos, inclusive a reestruturação de cargos e salários.

Além disso, a entidade dos metalúrgicos de São Bernardo do Campo e Diadema, pela projeção nacional que assumiu por seu papel de vanguarda no sindicalismo, ganhou assento nos fóruns de discussão de políticas públicas de desenvolvimento industrial para as montadoras, criados a partir de 1992: as Câmaras Setoriais do Setor Automotivo, órgão tripartite com representantes do governo, dos empresários e dos trabalhadores. Por meio delas foram definidas várias medidas para o incremento da produção de automóveis, entre elas: garantia de empregos, tabelas salariais no caso de reestruturação das plantas, reajustes salariais para os metalúrgicos e necessidade de acordo para o desligamento de trabalhadores que estivessem a três anos da aposentadoria.

No caso específico da Volkswagen, uma das ações mais emblemáticas da entidade da categoria aconteceu anos depois, em 2001. Em novembro, a empresa enviou telegramas às casas de três mil funcionários comunicando a demissão deles, o que provocou a deflagração de uma greve que atingiu os 10 mil trabalhadores na fábrica. Sindicato e Comissão de Fábrica tentaram todos os meios de negociar com a montadora a reversão das dispensas, sem sucesso. Como último recurso, o presidente do Sindicato à época, Luiz Marinho (ele mesmo funcionário da Volks), foi para a Alemanha e, no dia 15, reuniu-se com o vice-presidente mundial da montadora, Peter Hartz, e com o presidente da filial brasileira, Herbert

Demel, que viajou às pressas para o país-sede da companhia para participar do encontro.

Foi uma ação inédita, porque desde a instalação da empresa no Brasil, nunca o Sindicato havia procurado a solução de algum impasse negociando diretamente com a presidência da matriz da companhia. Marinho saiu da Alemanha com um acordo que reverteu metade das dispensas e concedeu a garantia de emprego por três meses para a outra metade. Além disso, voltou de lá com a promessa de um investimento de R$ 500 milhões para a produção de um dos modelos de veículos fabricados no Brasil.

A partir daí, a entidade dos metalúrgicos também transformou-se em agente ativo nas negociações por mais investimentos nas filiais das montadoras instaladas no ABC. O objetivo principal era não só garantir, mas ampliar o nível de emprego no setor.

No ano seguinte, Luiz Inácio Lula da Silva, a principal liderança surgida na categoria na década de 1970, elegeu-se presidente da República e, quatro anos depois, foi reeleito.

18. Comissão Nacional da Verdade traz à tona as atrocidades da ditadura

Com a redemocratização, as vítimas perseguidas e familiares de cidadãos mortos e desaparecidos no regime militar vislumbraram uma luz no fim do túnel quando, primeiro em 1995, com a criação da Comissão de Familiares de Mortos e Desaparecidos,[1] e mais tarde, em 2002, com a instituição da Comissão de Anistia,[2] começaram a buscar informações que comprovassem os danos sofridos no período e a devida reparação como anistiados pelo Estado.

No entanto, para os familiares de mortos e desaparecidos e para os operários da Volkswagen presos e vitimados pelas "listas sujas", persistia o gosto amargo das torturas no cárcere, no caso dos primeiros, e de toda sorte de traumas e dificuldades enfrentadas pelos segundos, uma vez que as provas que mostravam as atrocidades do regime e a colaboração empresarial no período continuavam encarceradas.

---

1 A Comissão Especial sobre Mortos e Desaparecidos, criada pela Lei nº 9.140, de 1995, reconheceu como mortas dezenas de pessoas desaparecidas durante a ditadura. Com a Lei nº 10.536, de 2002, estendeu os casos de desaparecimento até 1988. Em 2004, a Lei nº 10.875 ampliou os critérios da comissão para reconhecer vítimas de perseguição do regime. Fonte: https://www.gov.br/participamaisbrasil/cemdp. Acesso em: 07/02/2020.

2 A Comissão de Anistia foi regulamentada em 2002 pela Lei nº 10.559, para implantar políticas de reparação a vítimas da ditadura, incluindo a recuperação econômica e moral de anistiados. Fonte: https://www.gov.br/mdh/pt-br/navegue-por-temas/comissao-de-anistia. Acesso em: 07/02/2020.

Somente depois de 26 anos da redemocratização os documentos dos órgãos de repressão do regime militar começaram a vir à tona de forma institucional e organizada. Em dezembro de 2011, a presidenta Dilma Rousseff (ela mesma uma ex-presa política) promulgou a lei que instituiu a Comissão Nacional da Verdade.

Em relação aos países vizinhos, a medida chegou com muito atraso, visto que eles haviam sido ágeis na apuração e na reparação dos crimes cometidos por suas ditaduras, todas elas encerradas na década de 1980, à exceção do Chile, onde perdurou até 1990 (na Bolívia, acabou em 1982; na Argentina, em 1983; no Uruguai, em 1985; e no Paraguai, em 1989).

Na maioria desses países a pesquisa começou logo depois do final dos regimes de exceção, inclusive com a condenação dos responsáveis em alguns deles. Na Argentina, por exemplo, mais de três mil militares e agentes do Estado (incluindo juízes) foram indiciados pelos crimes, entre 1990 e 2019, e quase mil deles já haviam sido condenados e presos, incluindo dois ex-presidentes, Jorge Videla e Reynaldo Bignone.

No Brasil, o trabalho da Comissão Nacional da Verdade durou três anos e, em 2014, ano que marcou o 50º aniversário do golpe civil-militar, o relatório final, com 4.328 páginas divididas em três volumes, foi entregue às autoridades públicas. A data da entrega não poderia ter sido mais simbólica: 10 de dezembro, 66º aniversário da Declaração Universal dos Direitos Humanos.

No documento, a comissão identificou 377 agentes de Estado responsáveis pelas torturas e assassinatos, que resultaram em pelo menos 434 mortos e desaparecidos durante regime – com 210 desaparecidos, 191 assassinados e 33 corpos localizados –, além de milhares de prisões com torturas e supressão dos direitos assegurados por tratados internacionais. No total, foram identificados 230 locais em todo o país onde as violações foram cometidas. O relatório apontou ainda que, entre 1964 e 1970, 536 entidades sindicais sofreram intervenção do Estado.[3]

Antes do trabalho aprofundado desenvolvido pela CNV, pesquisas acadêmicas, filmes, documentários e livros escritos por jornalistas, historiadores e militantes presos, torturados ou exilados – contando o que viveram no período – já haviam mostrado parcialmente o que acontecera no país durante a ditadura. Além dessas obras, uma única publicação havia desvendado de maneira um pouco mais ampla parte do que foi o regime, o livro *Brasil: Nunca Mais.*[4] A obra foi produzida pela Comissão Mundial de Igrejas e a Arquidiocese de São Paulo, a partir da leitura de mais de 700 processos políticos que tramitaram na Justiça Militar entre 1964 e 1979.

O escopo da atuação da CNV foi além, porque ela teve maior acesso à documentação produzida pelos órgãos repressivos e de informação da ditadura, e colheu depoimentos de presos políticos, de cidadãos perseguidos pelo regime, de familiares de mortos e desaparecidos, de representantes de empresas e de agentes do Estado à época. As obras até então publicadas também serviram de apoio ao trabalho.

Para garantir a amplitude da pesquisa, houve grande mobilização das vítimas do regime e seus familiares, de universidades, Legislativos estaduais e municipais, entidades sindicais e da sociedade civil, com apoio de organismos internacionais. Foram criadas mais de 300 Comissões da Verdade em todo o país, responsáveis pela tomada de depoimento das vítimas ou de seus familiares e pela coleta de documentos. No âmbito do órgão nacional, foram formados 13 grupos de trabalho temáticos (GTs) para pesquisas

---

3 SALOMÃO, Lucas. Comissão da Verdade responsabiliza 377 por crimes durante a ditadura. G1, 10 de dez. de 2014.

4 ARNS, Paulo Evaristo e outros. *Brasil: Nunca Mais*. São Paulo: Editora Vozes, 1985.

por área, que contaram com a assessoria de especialistas e com a participação de representantes de entidades sindicais e da sociedade civil. O levantamento sobre as violações cometidas contra os trabalhadores ficou a cargo do GT 13.

Direito à memória e à verdade

Os parâmetros para a atuação da CNV foram os preceitos internacionais de Direitos Humanos, e o órgão delimitou que as graves violações de direitos humanos seriam aquelas cometidas por agentes do Estado, a seu serviço ou com a conivência estatal, contra cidadãos brasileiros ou estrangeiros. Considerou como graves violações as prisões sem base legal, a tortura e as mortes dela decorrentes, as violências sexuais, as execuções, as ocultações de cadáveres e os desaparecimentos forçados.

O primeiro volume do relatório trouxe as atividades e a estrutura da CNV e a dinâmica das violações aos direitos humanos praticadas, como detenções ilegais, métodos de tortura empregados, execuções e ocultação de cadáveres, e terminou com 29 recomendações às autoridades públicas.[5]

Em entrevista à autora deste livro, a advogada Rosa Maria Cardoso da Cunha,[6] que integrou a coordenação geral da Comissão e também a do GT 13, comentou: "O trabalho do grupo de peritos da Polícia Federal trazido para a CNV levou a descobertas significativas sobre a forma de execução imposta a muitos militantes e informada à sociedade como se fossem mortes em uma situação de resistência. Aliás, trata-se de uma farsa que a polícia pratica até a atualidade".

---

5 RELATÓRIO. *Comissão Nacional da Verdade*, Brasília, 2014 – volume 1.

6 Entrevista concedida por e-mail à autora em 14/02/2020. Rosa Maria Cardoso da Cunha é mestre em Direito Penal e doutora em Ciência Política. É professora da Universidade Federal Fluminense. Foi a quarta coordenadora da CNV, entre maio e agosto de 2013.

No segundo volume, a comissão apresentou textos temáticos que enfocaram as violações em diferentes segmentos sociais, envolvendo a perseguição a militares, trabalhadores urbanos, camponeses, povos indígenas, membros de igrejas cristãs, LGBTQIA+, professores e estudantes universitários. Também mostrou a resistência à ditadura militar, assim como a participação de civis no golpe de 1964 e no regime ditatorial, notadamente empresários.[7] O terceiro e último volume foi totalmente dedicado aos 434 mortos e desaparecidos políticos, abordando suas histórias.[8]

A principal finalidade da CNV foi a de efetivar o direito à memória e à verdade histórica. Em função das limitações impostas pela Lei da Anistia de 1979, seu trabalho não pôde ser desdobrado no julgamento e punição dos agentes do Estado identificados como violadores dos direitos humanos no período ditatorial. Além disso, a comissão não teve caráter deliberativo.

Contudo, em uma das suas recomendações, lembrou às autoridades públicas que, com base nos preceitos legais internacionais, a Lei da Anistia não poderia proteger autores de crimes contra a humanidade. Assim, propôs que os agentes do Estado envolvidos com episódios de tortura, assassinatos e outras violações fossem investigados, processados e punidos.

A CNV argumentou que a Lei da Anistia é incompatível com os pactos internacionais dos quais o Brasil é signatário, como a Convenção Interamericana de Direitos Humanos, e que, por isso, o país não poderia perpetuar a impunidade. No entanto, o assunto continuou polêmico e o próprio Supremo Tribunal Federal (STF) já havia considerado a Lei de Anistia válida, ao julgar, em 2010, uma ação que pedia a sua inconstitucionalidade.

---

7 RELATÓRIO: textos temáticos. *Comissão Nacional da Verdade*, Brasília, 2014 – volume 2.

8 RELATÓRIO: mortos e desaparecidos políticos. *Comissão Nacional da Verdade*, Brasília, 2014 – volume 3.

Entre as demais recomendações presentes no relatório, a CNV propôs que as Forças Armadas reconhecessem sua responsabilidade institucional pelos abusos cometidos durante o regime militar; a revogação da Lei de Segurança Nacional (criada na ditadura e que acabou sendo revogada, com vetos, apenas em 2021); o fortalecimento de órgãos de defesa dos direitos humanos; mudanças na legislação para punir crimes contra a humanidade e desaparecimentos forçados; criação de mecanismos de prevenção e combate à tortura; e a ampliação da abertura dos arquivos militares.

A ditadura empresarial

A Comissão Nacional da Verdade trouxe à baila uma infinidade de documentos de vários órgãos do Estado e de colaboradores civis, particularmente empresários de todos os segmentos, e também de outros países, comprovando o monitoramento de ações de cidadãos e as violações contra aqueles que contestavam o regime, conforme já abordado nas partes 1 e 2 deste livro. Segundo o relatório final, durante a ditadura 114 trabalhadores foram mortos, dos quais 35 eram sindicalistas. Esse número representa 26,3% do total de 434 assassinatos e desaparecimentos cometidos pelo regime contra cidadãos de todos os segmentos sociais.

Na entrevista à autora, a advogada Rosa Cardoso afirmou: "A CNV sistematizou questões muito significativas para a compreensão do movimento sindical, como, por exemplo, o fato de que o fundamental em 1964 foi mudar o patamar no qual estava o capitalismo brasileiro. Nesse sentido, o corte de direitos e a superexploração da classe trabalhadora eram fundamentais para o empresariado que colocou e sustentou os militares no poder".[9]

Para ela, o mais impactante em toda a apuração foi o sistema de monitoramento, controle e repressão desenvolvido em relação

9 Entrevista concedida à autora por e-mail em 14/02/2020.

ao mundo do trabalho: "Departamentos de Recursos Humanos e Segurança Patrimonial de empresas e fábricas, subordinando-se ao Estado ditatorial e repressor, criaram uma rede estatal-privada para aterrorizar, paralisar, aumentar a produtividade e obter mais lucro mediante a exploração de trabalhadores e trabalhadoras. Não há dúvida que durante o regime iniciado em 1964 criou-se nas fábricas uma ditadura (ainda mais feroz) dentro da ditadura".[10]

Os pesquisadores e colaboradores da CNV localizaram no Arquivo Público do Estado de São Paulo documentos com a relação de 80 empresas envolvidas em espionagem e delação de trabalhadores no ABC e no Vale do Paraíba. Entre elas, estão as montadoras Volkswagen, Ford, General Motors, Toyota, Scania, Rolls-Royce e Mercedes-Benz e empresas de outros segmentos, como Brastemp, Kodak, Caterpillar, Johnson & Johnson, Petrobras, Embraer e Monark.[11]

Com base na documentação, Rosa Cardoso e a equipe do Grupo de Trabalho 13 chegaram à conclusão de que a Volkswagen do Brasil exerceu o papel de liderança entre as empresas que se articulavam em apoio à ditadura. "Um dos documentos obtidos sobre o funcionamento do Cecose, de 18 de julho de 1983, registra uma fala de representante da Volks expondo os principais assuntos da reunião e apresentando lembretes. Quanto à cooperação da empresa com os policiais do sanguinário DOPS há farta documentação proveniente do Setor de Análise, Operações e Informações daquele órgão. Assim, fica claro que a Volks era uma liderança no desenvolvimento da colaboração criminosa entre empresas e agentes públicos no sentido de vigiar e reprimir trabalhadores".[12]

---

10 *Idem*.

11 BORGES, Beatriz. Mais de 80 empresas colaboraram com a ditadura militar no Brasil. *El País*, 08 de set. de 2014.

12 Entrevista concedida à autora por e-mail em 14/02/2020.

Busca pela reparação começa a ganhar corpo

O GT 13 teve a participação ativa das 10 centrais sindicais brasileiras e suas reuniões eram abertas à sociedade, conforme lembrou o seu secretário-executivo, Sebastião Neto, ex-metalúrgico de São Paulo que integra a coordenação do Intercâmbio, Informações, Estudos e Pesquisas (IIEP). "Todos os documentos produzidos foram públicos. Ao ser instalado, ele [o GT 13] tinha como marca: 'verdade, memória, justiça e reparação'. Então, embora a CNV só pudesse trabalhar com o foco do direito à verdade e à memória, nós já entramos com o objetivo de buscar a justiça e a reparação".[13]

Para tanto, a representação sindical criou o Fórum de Trabalhadores e Trabalhadoras por Verdade, Justiça e Reparação, para articular e conduzir os passos seguintes de sua luta.

13 ENTREVISTA de Sebastião Neto. *CNViva*, Instituto Vladimir Herzog, 08 de dez. de 2016.

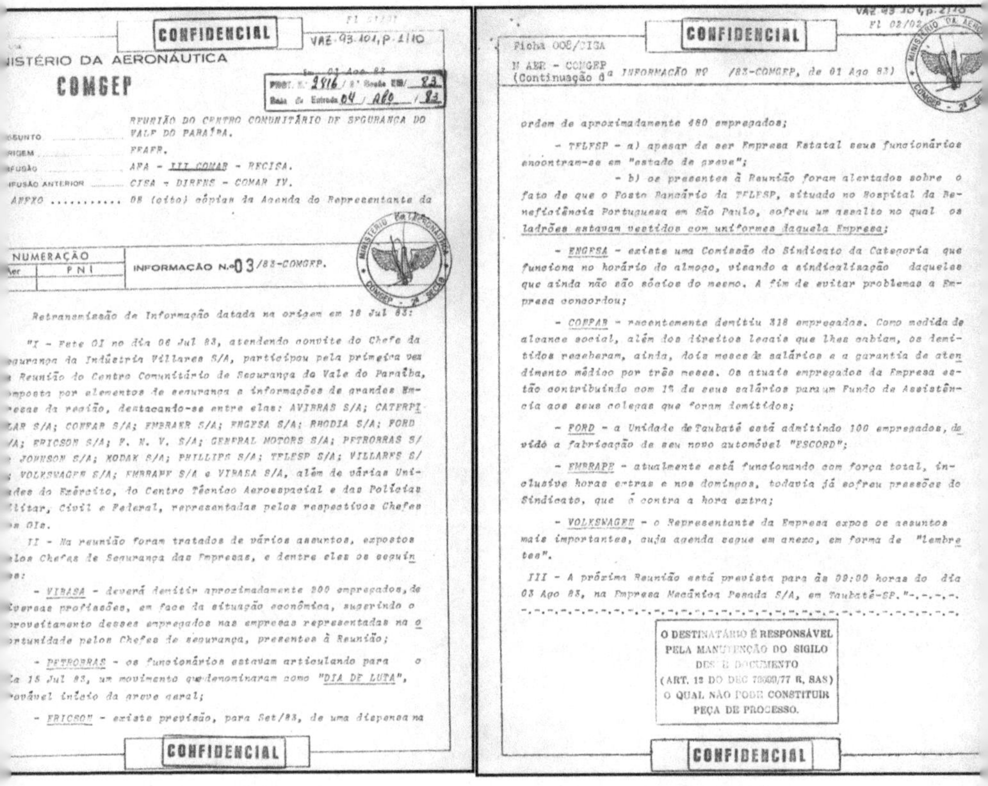

CONFIDENCIAL

FL ...

VAZ 93 101, p. 1/10

[MIN]ISTÉRIO DA AERONÁUTICA

COMGEP

Em 01 Ago 83

PROT. N.º 2816 / 2ª Seção EM/ 83

Data de Entrada 04 / AGO / 83

[A]SSUNTO ..... REUNIÃO DO CENTRO COMUNITÁRIO DE SEGURANÇA DO VALE DO PARAÍBA.

[O]RIGEM ..... EEAER.

[D]IFUSÃO ..... AFA - III COMAR - RECISA.

[D]IFUSÃO ANTERIOR ..... CISA - DIRENS - COMAR IV.

ANEXO .... 08 (oito) cópias da Agenda do Representante da

NUMERAÇÃO	
[...]er	PNI

INFORMAÇÃO N.º 03/83-COMGEP.

MINISTÉRIO DA AERONÁUTICA — COMGEP - 2ª SEÇÃO

Retransmissão de Informação datada na origem em 18 Jul 83:

"I - Este OI no dia 06 Jul 83, atendendo convite do Chefe da [S]egurança da Indústria Villares S/A, participou pela primeira vez [d]a Reunião do Centro Comunitário de Segurança do Vale do Paraíba, [co]mposta por elementos de segurança e informações de grandes Em[pr]esas da região, destacando-se entre elas: AVIBRAS S/A; CATERPI[L]LAR S/A; CONFAB S/A; EMBRAER S/A; ENGESA S/A; RHODIA S/A; FORD [S]/A; ERICSON S/A; F. N. V. S/A; GENERAL MOTORS S/A; PETROBRAS S/[A]; JOHNSON S/A; KODAK S/A; PHILLIPS S/A; TELESP S/A; VILLARES S/[A]; VOLKSWAGEN S/A; EMBRAPE S/A e VIBASA S/A, além de várias Uni[d]ades do Exército, do Centro Técnico Aeroespacial e das Polícias [M]ilitar, Civil e Federal, representadas pelos respectivos Chefes [d]as OIs.

II - Na reunião foram tratados de vários assuntos, expostos [pe]los Chefes de Segurança das Empresas, e dentre eles os seguin[te]s:

- VIBASA - deverá demitir aproximadamente 800 empregados, de [d]iversas profissões, em face da situação econômica, sugerindo o [ap]roveitamento desses empregados nas empresas representadas na o[p]ortunidade pelos Chefes de segurança, presentes à Reunião;

- PETROBRAS - os funcionários estavam articulando para o [di]a 15 Jul 83, um movimento que denominaram como "DIA DE LUTA", [p]rovável início da greve geral;

- ERICSON - existe previsão, para Set/83, de uma dispensa na

CONFIDENCIAL

VAZ 93 101, p. 2/10

Fl 02/02

CONFIDENCIAL

Ficha 008/CISA

M AER - COMGEP
(Continuação da INFORMAÇÃO Nº /83-COMGEP, de 01 Ago 83)

ordem de aproximadamente 480 empregados;

- TELESP - a) apesar de ser Empresa Estatal seus funcionários encontram-se em "estado de greve";

- b) os presentes à Reunião foram alertados sobre o fato de que o Posto Bancário da TELESP, situado no Hospital da Beneficiência Portuguesa em São Paulo, sofreu um assalto no qual os ladrões estavam vestidos com uniformes daquela Empresa;

- ENGESA - existe uma Comissão do Sindicato da Categoria que funciona no horário do almoço, visando a sindicalização daqueles que ainda não são sócios do mesmo. A fim de evitar problemas a Empresa concordou;

- CONFAB - recentemente demitiu 318 empregados. Como medida de alcance social, além dos direitos legais que lhes cabiam, os demitidos receberam, ainda, dois meses de salários e a garantia de atendimento médico por três meses. Os atuais empregados da Empresa estão contribuindo com 1% de seus salários para um Fundo de Assistência aos seus colegas que foram demitidos;

- FORD - a Unidade de Taubaté está admitindo 100 empregados, devido a fabricação de seu novo automóvel "ESCORD";

- EMBRAPE - atualmente está funcionando com força total, inclusive horas extras e nos domingos, todavia já sofreu pressões do Sindicato, que é contra a hora extra;

- VOLKSWAGEN - o Representante da Empresa expos os assuntos mais importantes, cuja agenda segue em anexo, em forma de "lembretes".

III - A próxima Reunião está prevista para às 09:00 horas do dia 03 Ago 83, na Empresa Mecânica Pesada S/A, em Taubaté-SP."-.

O DESTINATÁRIO É RESPONSÁVEL PELA MANUTENÇÃO DO SIGILO DESTE DOCUMENTO (ART. 12 DO DEC 79099/77 R. SAS) O QUAL NÃO PODE CONSTITUIR PEÇA DE PROCESSO.

CONFIDENCIAL

a a Comissão Nacional da Verdade, documentos do Cecose, entre outros, demonstraram papel
liderança da Volkswagen na colaboração com os agentes públicos para reprimir trabalhadores

PARTE V
2015-agosto de 2020
Busca pela reparação das violações cometidas pela Volkswagen abre caminho inédito na Justiça brasileira

19. Fórum de Trabalhadores pede abertura de processo e MPF instaura inquérito para apurar repressão na VW

A profusão de documentos comprovando a colaboração da Volkswagen do Brasil com a ditadura civil-militar abriu uma nova perspectiva na busca pela reparação às violações aos direitos humanos praticadas durante o regime. À medida que vinham à tona as descobertas do Grupo de Trabalho 13 da CNV, particularmente a partir da pesquisa do Grupo de Trabalho Ditadura e Repressão aos Trabalhadores e ao Movimento Sindical, da Comissão da Verdade do Estado de São Paulo – Rubens Paiva, os episódios envolvendo a Volkswagen ganhavam as páginas de jornais e o noticiário de TV do país e do exterior.

Um exemplo foi a matéria veiculada pela agência internacional de notícias *Reuters*, em 5 de setembro de 2014, que destacou: "Nos documentos, a Volkswagen forneceu dados extensos de mais de uma dezena de reuniões sindicais na Grande São Paulo. A empresa retransmitia planos de trabalhadores sobre greves, bem como suas demandas por melhores salários e condições de trabalho. Chegou a revelar alguns nomes, de seus próprios funcionários, que participaram de eventos de sindicatos e, em pelo menos dois casos, forneceu a marca e a placa de veículos presentes em atos sindicais".[1] Um mês antes, a própria *Reuters* noticiava: "A Volkswagen é a empresa que tem mais funcionários na lista do DOPS, com 73".[2]

1 VOLKSWAGEN monitorou Lula e outros trabalhadores no Brasil na década de 1980. *Reuters*, 05 de set. de 2014.

2 DOCUMENTOS sugerem que empresas estrangeiras auxiliaram ditadura no Brasil. *Reuters*, 05 de ago. de 2014.

Ainda quando as primeiras notícias começaram a ser veiculadas, a empresa foi questionada sobre suas ligações com a ditadura brasileira durante a reunião anual de acionistas na Alemanha, em maio de 2014. Depois do encontro, declarou em nota ao portal *Opera Mundi*: "Caso a Comissão Nacional da Verdade do Brasil revele provas de violações de direitos humanos na qual a Volkswagen do Brasil e/ou seus funcionários tomaram parte, então trataremos de esclarecer". A nota dizia ainda que a montadora já "havia realizado trabalho semelhante ao investigar sua relação com a Alemanha nazista [...] e orienta todas as suas filiais pelo mundo a ter como meta a investigação de seu passado".[3]

A citada investigação acerca das ações praticadas no período do nazismo refere-se à pesquisa financiada pela empresa em 1986, revelando que durante a Segunda Guerra Mundial a Volks usou mão de obra de prisioneiros de guerra e dos campos de concentração para a produção de veículos e outros equipamentos. O estudo foi conduzido pelo historiador Hans Mommsen e resultou no livro *A fábrica da Volkswagen e seus trabalhadores no Terceiro Reich*. Concluída a pesquisa e seguindo a recomendação de Hans Mommsen, a montadora criou em 1991 um fundo de 12 milhões de marcos alemães para apoiar projetos culturais e sociais nos países de origem dos trabalhadores forçados daquele período.[4]

No caso brasileiro de violação aos direitos humanos, embora a matriz da multinacional tenha indicado a disposição de esclarecer os fatos naquela reunião de 2014, em depoimento em audiência na Comissão Rubens Paiva, realizada em 27 de fevereiro de 2015,

---

3 SION, Vitor. Volkswagen diz que esclarecerá eventuais suspeitas sobre violações de direitos humanos durante ditadura. *Opera Mundi*, 13 de maio de 2014.

4 ACKER, Antoine. A responsabilidade histórica da Volkswagen no Brasil de Bolsonaro. *Carta Capital*, 18 de abr. de 2019.

o gerente de Assuntos Jurídicos da Volkswagen do Brasil, Rogério Vargas, afirmou que a empresa estava analisando os documentos para "entendê-los e contextualizá-los", mas negou que ela havia colaborado com o regime militar. "A Volks não colaborou com órgãos de repressão. Não há documentos ou quaisquer evidências disso",[5] disse, embora os arquivos com a documentação coletada já mostrassem o contrário.

A audiência na sessão paulista da Comissão da Verdade foi uma das várias convocadas depois de concluídos os trabalhos da CNV. Ela deu sequência ao trabalho de coleta de documentos e de depoimentos para aprofundar a apuração sobre as violações cometidas durante o regime militar por empresas estabelecidas no estado de São Paulo. Na mesma audiência da qual participou o representante da Volks foram ouvidos também trabalhadores vitimados pelas ações repressivas na empresa. Entre eles, estava o ferramenteiro Lúcio Bellentani, que narrou em detalhes a sua prisão e as torturas que sofreu dentro da Volkswagen em 1972 e como funcionava o Departamento de Segurança Industrial da montadora na época. Ao final do depoimento, destacou: "É necessário que essas coisas venham a público e [as empresas] sejam realmente punidas".[6]

No mesmo dia, o Fórum de Trabalhadores e Trabalhadoras por Verdade, Justiça e Reparação entregou à Comissão Estadual Rubens Paiva uma carta aberta pedindo que as empresas fossem investigadas, denunciadas e punidas por colaboração com a ditadura militar. Afinal, se a controversa Lei de Anistia livrou da punição os agentes do Estado, ela deixou brechas no que diz respeito aos colaboradores civis do regime militar.

5 CRUZ, Elaine Patrícia. Comissão da Verdade de SP começa a investigar participação de empresas na ditadura. *Agência Brasil*, Brasília, 27 de fev. de 2015.

6 *Idem.*

Fórum de trabalhadores protocola pedido de abertura de inquérito

Depois da entrega dos relatórios da Comissão Nacional da Verdade, o Fórum continuou a pesquisar documentos nos arquivos oficiais em busca de mais provas da ação da Volks na ditadura, com destaque para o resultado da sistematização realizada pelo projeto Intercâmbio, Informações, Estudos e Pesquisas (IIEP), que se debruçou principalmente sobre as informações conseguidas pelo Grupo de Trabalho 13 e seu braço paulista, o GT Ditadura e Repressão aos Trabalhadores e ao Movimento Sindical. Um dos coordenadores do IIEP é Sebastião Neto, que integrou o GT 13 da CNV e o Fórum dos Trabalhadores e Trabalhadoras.

Coletadas as informações, o Fórum preparou um extenso e bem fundamentado documento, que se transformou na petição oficial protocolada no Ministério Público Federal em 22 de setembro de 2015 pedindo a instauração de inquérito civil contra a Volkswagen do Brasil pelas violações cometidas durante a ditadura – uma ação inédita no país.

A representação para a abertura do processo foi assinada pelos integrantes do coletivo, entre eles quatro ex-trabalhadores perseguidos pela Volkswagen: Expedito Soares, José Braz Sobrinho, Lúcio Bellentani e Tarcísio Tadeu. A petição, com 75 páginas, foi acompanhada de um dossiê com mais de 600 páginas de documentos e depoimentos colhidos pela Comissão Nacional da Verdade, acusando a Volkswagen de ter cometido graves violações aos direitos humanos; relacionando o envio de informações pessoais dos trabalhadores aos órgãos de repressão; a vigilância e repasse aos órgãos repressivos das atividades externas à fábrica organizadas pelo sindicato, igreja, movimentos sociais e partidos políticos; articulação com outras empresas para inviabilizar a organização dos trabalhadores através de listas com informações sobre ativistas ou aqueles considerados subversivos; e de permitir a entrada da polícia política no chão de fábrica para prender trabalhadores contrários à ditadura.

Um dos argumentos finais da petição foi o de que "o pedido desta representação conflui com o compromisso de afastamento da obscuridade que ainda faz transbordar a ignorância e a superficialidade de tratamento do tema da cumplicidade do empresariado com os 'anos de chumbo' brasileiros, cujas marcas são até hoje sentidas pelos familiares de mortos e desaparecidos e, mesmo que relegados ao esquecimento, pelos trabalhadores e parentes que se sujeitaram a condições miseráveis de vida, diante da imposição do desemprego por parte de grandes empresas na época, como a Volkswagen, em seu papel de capitanear violações de direitos de centenas de pessoas, com vistas inescrupulosas na corrida pelo lucro".[7]

Além da análise da petição e dos documentos a ela anexados, a partir daquele momento o Ministério Público Federal passou a se reunir com os integrantes do Fórum e membros da Procuradoria da República para dar início ao processo e começar a investigação. A oficialização do processo deu-se em 5 de abril de 2016, com a portaria nº 136, da Procuradoria da República do Estado de São Paulo, instaurando o inquérito civil nº 1.34.001.006706/2015-26 para a apuração da denúncia, que já vinha sendo conduzida por Pedro Antônio de Oliveira Machado, na época titular da Procuradoria Regional dos Direitos do Cidadão, em São Paulo. Para promover uma investigação considerada muito complexa, foi composto grupo formado por Pedro Machado e Marlon Weichert, procurador Regional da República do MPF; e Eduardo Ferreira Valério e Anna Trotta Yaryd, da Procuradoria de Direitos Humanos do Ministério Público do Estado de São Paulo.

7 INQUÉRITO civil nº 1.34.001.006706/2015/26. *Ministério Público Federal de São Paulo*, volume I, fls. 69 e 70.

Para subsidiar o inquérito, o Ministério Público Federal contratou o doutor em Ciência Política e especialista em segurança pública Guaracy Mingardi para a produção de um estudo aprofundado sobre o caso.

20. Matriz da VW contrata estudo para apurar ações da filial brasileira. Pressão para que empresa reconheça violações cometidas aumenta na Europa e no Brasil

Ao se deparar com as informações do relatório da CNV, com a repercussão do caso na mídia internacional e com a abertura do inquérito no Ministério Público, a matriz da empresa na Alemanha contratou o historiador Manfred Grieger para a produção de um estudo sobre a atuação colaboracionista da filial brasileira com a ditadura militar. Ele havia integrado a equipe que, na década de 1980, havia apurado o vínculo da montadora com o nazismo.

Em novembro de 2015, dois meses depois de protocolada a petição do Fórum no MPF, o historiador viajou para o Brasil. Reuniu-se com o procurador Pedro Machado e disse que estava iniciando "uma discussão sobre como chegar a um acordo a respeito dessa questão. (...) Queremos continuar as discussões para explorar os prós e contras a respeito dos próximos passos".[1] Em seguida, encontrou-se com Reinaldo Marques da Silva (conhecido na fábrica de São Bernardo do Campo como *Frangão*), na época coordenador do Comitê Sindical na Volkswagen do Brasil, a quem pediu contatos dos metalúrgicos perseguidos. "Questionei a tentativa de Grieger querer fazer um contato paralelo com os trabalhadores sem passar pelas instâncias de representação, e alertei que isso poderia parecer uma intimidação. Ele respondeu que era

---

1 VOLKS busca reparar apoio à repressão na ditadura. *IstoÉ Dinheiro*, 01 de nov. de 2015.

contratado da empresa, mas agia de forma independente", comentou Marques da Silva.[2]

No dia 13 de novembro, o historiador compareceu informalmente na sede do MPF acompanhado de Joerg Kother, do Comitê Mundial dos Trabalhadores na VW, quando recebeu cópia de toda a representação.[3] Dias depois, entrevistou Expedito Soares, Geovaldo Gomes dos Santos, Lúcio Bellentani e Braz Sobrinho, quatro dos trabalhadores vitimados, mas não obteve muita informação. Apesar de se dizer independente, ele foi visto como um representante da montadora e, por isso, nenhum outro trabalhador dispôs-se a conversar com o historiador. À autora deste livro, Expedito recordou: "Achamos por bem não falar mais com ele para não entregar 'o ouro para o bandido', e pedimos para ele se pronunciar no inquérito que estava instaurado no Ministério Público".[4]

Em 2016, ainda durante a pesquisa sobre o episódio brasileiro, Grieger suspendeu o trabalho e rompeu o contrato. "A saída do historiador gerou fortes protestos da comunidade de historiadores na Alemanha, assim como relatos desapontados da mídia e de sindicatos no Brasil. Diante dessas reações críticas, a Volks contratou de imediato o historiador Christopher Kopper para realizar uma investigação externa independente sobre a relação da montadora com a repressão estatal no Brasil", relatou Antoine Acker, historiador da Universidade de Zurique (Suíça), em artigo de abril de 2019.[5]

Christopher Kopper integrava o departamento de História da Universidade Bielefeld, na Alemanha, e sua pesquisa para apurar o episódio brasileiro durou pouco mais de um ano.

---

2 Entrevista concedida à autora em 12/02/2021.

3 ENVOLVIMENTO com ditaduras volta a assombrar a Volkswagen. *Outras Palavras*, 07 de nov. de 2016.

4 Entrevista concedida à autora em 01/09/2020.

5 ACKER, Antoine. A responsabilidade histórica da Volkswagen no Brasil de Bolsonaro. *Carta Capital*, 18 de abr. de 2019.

Enquanto o trabalho do segundo historiador alemão estava em curso, a investigação do Ministério Público prosseguia, mas a filial brasileira demonstrou resistência em colaborar com o processo: não se posicionou oficialmente, não respondeu aos fatos apontados, não cooperou com o andamento do inquérito e nem apresentou documentação solicitada, a não ser alguns organogramas com nomes de trabalhadores.

Quando ouvido pelos procuradores em 28 de junho de 2016, o coronel Adhemar Rudge, responsável pelo Departamento de Segurança Industrial entre 1969 e 1991, refutou qualquer atividade repressiva sobre os trabalhadores ou a entrada da polícia política para fazer prisões no interior da fábrica. Ele também negou a autenticidade de sua assinatura nos documentos do departamento encontrados no DOPS e disse que "nem desconfiava" como eles foram parar nos arquivos da polícia política.[6]

O Ministério Público colheu também depoimentos de trabalhadores vitimados, como Lúcio Bellentani e Heinrich Plagge, que confirmaram as perseguições sofridas por parte da Volkswagen já reveladas durante os trabalhos da CNV, contradizendo as declarações de Rudge.

A resistência da filial brasileira em oficialmente colaborar com o MPF foi motivo para aumentar a pressão sobre a montadora na Alemanha. Durante a assembleia anual de acionistas da VW em 2016, o jornalista e historiador Christian Russau, da Associação de Acionistas Críticos – entidade que compra ações de empresas para cobrar delas respeito aos direitos humanos e ao meio ambiente –, exigiu da direção da montadora um pedido formal de desculpas pela colaboração da Volkswagen do Brasil com a ditadura.

O caso ganhou ainda mais destaque naquele país quando, em 24 de julho de 2017, a emissora de TV pública alemã ARD exibiu o documentário *Komplizen?* (*Cúmplices?*) – *A Volkswagen e a ditadura militar*

---

6 INQUÉRITO civil nº 1.34.001.006706-2015-26. *Ministério Público Federal*, vol II, fl 349.

brasileira, dirigido pelos jornalistas Stefanie Dodt e Thomas Aders.[7] Fruto de um apurado trabalho, a produção, que foi desdobrada em noticiário de jornal e rádio, teve como principal personagem o metalúrgico Lúcio Bellentani e mostrou com profundidade a atuação da Volkswagen durante a ditadura brasileira. Além de Bellentani, Stefanie e Aders entrevistaram os principais personagens envolvidos, entre eles diretores da Volks à época, agentes do Estado, sindicalistas, integrantes da Comissão Nacional da Verdade e membros do Ministério Público Federal. Sobre a contratação do primeiro historiador para o estudo, o documentário sugeriu que "para a diretoria da montadora, as pesquisas de Grieger sobre o Brasil [...] teriam ido longe demais".[8]

Christopher Kopper também foi entrevistado pelos jornalistas, quando ainda realizava sua pesquisa, e disse: "Posso afirmar que houve colaboração regular entre o serviço de segurança interna da VW do Brasil e os órgãos policiais do regime". Seu estudo foi entregue à empresa logo depois da exibição de *Cúmplices?*.

Com a repercussão do documentário no país-sede da companhia, Lúcio Bellentani foi convidado para a cerimônia de abertura da Assembleia Mundial sobre Violações de Direitos Humanos, ocorrida entre 3 e 5 de dezembro de 2017 em Berlim. A participação do ex-metalúrgico no evento foi indicada por Stefanie e Aders e patrocinada pela Fundação Rosa Luxemburgo, com apoio do Comitê Mundial de Trabalhadores na Volks. Bellentani falou a uma plateia de mais de 500 representantes de dezenas de países e expôs toda a trama colaboracionista da montadora com o regime militar no Brasil, inclusive a sua prisão e a de outros cinco trabalhadores no interior da fábrica. Durante o período em que permaneceu na Alemanha, também foi entrevistado por vários veículos de comunicação.

7 DODT, Stefanie; ADERS, Thomas. *Komplizen? (Cúmplices?) – A Volkswagen e a ditadura militar brasileira.* NDR – TV pública, Alemanha, 2017.
8 *Idem.*

Perito aponta colaboração ativa da Volkswagen com a polícia política e historiador alemão entrega seu estudo à VW

Em setembro de 2017, Guaracy Mingardi entregou ao MPF o relatório final do estudo *A Participação da Indústria Paulista na Repressão Política – O Caso Volkswagen*, com 105 páginas e 38 anexos contendo documentos dos órgãos de repressão e da Volkswagen, além de cópias dos depoimentos de trabalhadores prestados à Comissão Nacional da Verdade. A pesquisa, integrada ao processo, também foi uma das fontes deste livro.

Após analisar a vasta documentação encontrada nos órgãos repressivos, o noticiário da imprensa e as informações contidas em livros sobre a época, em seu estudo Mingardi demonstrou o papel de destaque exercido pela montadora na repressão aos trabalhadores, tanto no que se refere ao episódio da prisão de seis de seus funcionários em 1972 no interior da fábrica quanto à produção de "listas sujas" visando impedir a contratação, por outras empresas, de metalúrgicos que demitia.

No estudo, o especialista concluiu: "o montante de provas documentais e entrevistas analisadas já é suficiente para afirmar que a tese de que houve participação da Volkswagen na repressão está demonstrada além de qualquer dúvida. [...] Na prática, a camaradagem entre a repressão e a Volkswagen envolveu não só a colaboração através da troca de informações, mas também repressão ativa da empresa contra funcionários".[9]

Um mês depois da entrega da pesquisa de Mingardi ao Ministério Público Federal, foi a vez de Christopher Kopper remeter seu trabalho à montadora: *A Volkswagen do Brasil durante a ditadura militar brasileira 1964-1985: uma abordagem histórica*, também uma das fontes deste livro. No prefácio, o historiador destacou: "é a primeira publicação a tratar da atitude de uma empresa alemã

9 MINGARDI, Guaracy. A participação da indústria paulista na repressão política – o caso Volkswagen. *Ministério Público Federal*, set. de 2017, p. 91.

durante uma ditadura no período pós-guerra. Enquanto nos últimos 30 anos uma série de estudos empíricos e bem elaborados sobre empresas alemãs no período nazista foi realizada, o comportamento [...] em ditaduras de direita no sul da Europa, na América Latina, Ásia e África até o momento quase não foi pesquisado".[10]

Ao longo das 138 páginas da pesquisa, Kopper apontou que a empresa facilitou a prisão de no mínimo seis trabalhadores, demitiu centenas de funcionários que participaram de greves e colocou cerca de cem deles na "lista suja" compartilhada com outras empresas. Para realizar seu estudo, o historiador teve acesso a toda a documentação produzida pelos procuradores que conduziam o inquérito.

No entanto, ele sugeriu que os membros do Departamento de Segurança Industrial agiram por iniciativa própria, uma vez que não foram encontrados documentos indicando que a direção da montadora no Brasil havia dado ordens nesse sentido. Sua conclusão foi que, sem provas, não havia como afirmar que a colaboração com a repressão era uma política institucionalizada da montadora.

Vale destacar que tempos depois, no relatório final do processo dos Ministérios Públicos – datado de outubro de 2020 –, os procuradores recordaram que o historiador "teve acesso a todas as informações coletadas pelo MPF e MPSP, embora a recíproca não seja verdadeira – o material disponibilizado pela empresa Volkswagen, na Alemanha e no Brasil, ao dr. Kopper não foi entregue [aos MPs] para consulta".[11] Mesmo assim, o volume de documentos e informações obtidas permitiu aos MPs concluírem: "O apoio da Volkswagen à perseguição política foi uma decisão de sua diretoria

---

10 KOPPER, Christopher. *A VW do Brasil durante a ditadura militar brasileira 1964-1985: uma abordagem histórica.* Bielefeld: Universidade de Bielefeld, 2017, p. 5.

11 DIREITOS humanos, empresas e justiça de transição: o papel da Volkswagen do Brasil na repressão política durante a ditadura militar. *Relatório conjunto do MPF, MPT e MPSP*, out. de 2020, p. 3.

brasileira. Porém, há indícios veementes de que essa conduta era de conhecimento da diretoria da matriz, na Alemanha, à qual não se opôs. Ao contrário, segundo declarações do seu presidente à época, havia total apoio à postura da subsidiária de agir em sintonia com a ditadura militar".[12]

Com o inquérito aberto já comprovando as violações cometidas pela montadora, representantes dos ex-trabalhadores e do Sindicato e os procuradores passaram a buscar a empresa para tentar um acordo no qual ela reconhecesse os abusos cometidos durante o período militar, o que evitaria que o processo fosse enviado para julgamento.

12 DIREITOS humanos, empresas e justiça de transição: o papel da Volkswagen do Brasil na repressão política durante a ditadura militar. *Relatório conjunto do MPF, MPT e MPSP*, out. de 2020, p. 59.

21. Divulgação de estudo da VW incomoda trabalhadores e MPF. Vitimados criam associação e dirigentes sindicais passam a contribuir com desfecho do processo

A repercussão crescente do caso desde a divulgação das primeiras notícias da pesquisa da Comissão Nacional da Verdade chegou aos metalúrgicos vitimados pelas "listas sujas" produzidas pela Volkswagen. Desde 2015, eles passaram a se reunir e a discutir alternativas para que a montadora, de alguma forma, fosse a público para se desculpar com cada trabalhador que, comprovadamente, ela perseguiu durante o regime autoritário brasileiro.

Alguns encontros foram realizados na Câmara Municipal de São Bernardo do Campo, em espaço conseguido pelo então vereador José Ferreira, que havia presidido a Comissão Municipal da Verdade. Outros aconteceram no escritório de Expedito Soares, advogado e um dos ex-trabalhadores perseguidos pela Volks, e também na sede do Sindicato Nacional dos Aposentados, presidido à época por Lúcio Bellentani.

Quando souberam que a empresa faria a divulgação do estudo do historiador Christopher Kopper em sua filial brasileira, os ex-metalúrgicos decidiram promover sua primeira atividade pública: um protesto em frente à portaria da montadora. Assim, em 14 de dezembro de 2017, enquanto a Volks realizava o evento no interior da fábrica em São Bernardo do Campo (SP), do lado de fora um grupo de ex-trabalhadores exibia faixas de protesto. Uma delas dizia: "Não queremos festa, queremos justiça!".

Na atividade organizada pela multinacional, o então presidente da filial brasileira, Pablo Di Si, disse que reconhecia que pessoas da empresa colaboraram com os militares, mas que não era um comportamento institucional: "Quero expressar, em nome da Volkswagen, que lamento profundamente os episódios que possam ter ocorrido naquele momento histórico, em desacordo com os valores da empresa", afirmou ele, depois de descerrar uma placa homenageando "todas as vítimas da ditadura militar", sem especificar a colaboração da Volkswagen do Brasil na violação aos direitos humanos de seus funcionários.[1]

Alguns dos trabalhadores vitimados chegaram a ser convidados para a cerimônia, mas optaram pelo protesto no lado de fora. "Não iria querer posar para uma foto com o presidente da Volkswagen, que vai ser usada por eles como um sinal de 'pronto, resolvemos o passado'", argumentou o ex-ferramenteiro Lúcio Bellentani em entrevista à agência de notícias Deutsche Welle (DW),[2] lembrando que o convite foi feito sem que eles soubessem previamente do conteúdo do estudo de Kopper.

Outro argumento de Bellentani para o protesto foi a avaliação de que a montadora "assumiu isoladamente a tarefa de analisar o seu passado, passando ao largo do inquérito aberto pelo Ministério Público em 2015 e sem dialogar com as vítimas sobre qual seria uma compensação adequada".[3]

Filial brasileira dificulta processo e relatório de Kopper gera protestos

Na mesma matéria da DW, o procurador da República Pedro Machado, responsável pelo inquérito no MPF, disse que o relató-

1 STRUCK, Jean-Philip. Relatório da Volkswagen não satisfaz vítimas da ditadura. *Deutsche Welle*, Alemanha, 14 de dez. de 2017.

2 *Idem.*

3 *Idem.*

rio da montadora não encerrava o assunto e que a Volkswagen deveria se empenhar mais em chegar a um acordo negociado, mesmo porque até aquele momento ela não havia apresentado nenhuma proposta.[4]

Ele comentou: "Inicialmente, a postura da empresa, quando o inquérito foi aberto, foi de 'nós não fizemos nada de errado, que nenhum problema havia ocorrido'. Aos poucos, essa postura parece ter mudado, mas eles ainda não apresentaram nada de concreto". De acordo com o procurador, "a matriz alemã da Volkswagen já tem experiência no diálogo quando se trata de examinar seu passado e fazer compensações – basta ver o que aconteceu em relação ao papel da Volks no Holocausto. Infelizmente, essas lições não parecem estar sendo aplicadas no Brasil".[5]

As considerações do procurador pareciam estar corretas. Na mesma semana em que a Volkswagen Brasil realizou o evento, o jornal econômico alemão *Handelsblatt* informava que a sede do Grupo VW em Wolfsburg defendia o pagamento de indenizações, conforme revelou o jornalista e historiador Christian Russau em artigo: "Do lado alemão, há um amplo consenso de que o dinheiro [de indenizações] deve ser pago. A Volkswagen queria criar um novo fundo de vítimas para este fim, a partir do qual seriam alimentados os pagamentos da indenização. No entanto, a ideia da Alemanha não recebeu muita aprovação dos colegas sul-americanos da Volkswagen [leia-se: VW do Brasil]. Eles advertiram fortemente contra o pagamento de indenizações. 'Isto vai ser sem limites, a Volkswagen está fazendo um grande alarde a respeito', informou a administração brasileira à sede em Wolfsburg [alertando para não abrir a caixa de Pandora]. As consequências financeiras seriam incalculáveis. No final, os sul-ame-

4 STRUCK, Jean-Philip. Relatório da Volkswagen não satisfaz vítimas da ditadura. *Deutsche Welle*, Alemanha, 14 de dez. de 2017.

5 *Idem.*

ricanos [leia-se: a VW do Brasil] prevaleceram, então não haverá fundo de compensação".[6]

A forma como o estudo de Christopher Kopper foi divulgado também provocou protestos da Associação dos Acionistas Críticos na Alemanha, que acusou a montadora de querer minimizar a gravidade das violações cometidas pela filial brasileira. O próprio Russau voltou a denunciar a empresa na reunião de acionistas realizada em maio de 2018, em Berlim. Em entrevista ao portal *Opera Mundi*, contou: "Acusei a Volkswagen de tentar enganar o público com a tese segundo a qual a colaboração da empresa com a ditadura e o fornecimento de informações aos agentes de repressão teria sido um ato unilateral do chefe de segurança Adhemar Rudge. [...] os diretores alemães da Volkswagen do Brasil sabiam que os trabalhadores da empresa (sobre os quais a segurança interna informava aos agentes de repressão do DOPS) iriam ser torturados. Isso configura o crime de coautoria voluntária, informada e ativa para a tortura".[7]

Em resposta à acusação de Russau, a Volkswagen disse ter sido a primeira corporação industrial a assumir responsabilidade histórica sobre as questões no que concerne à atuação de empresas entre 1964 e 1985. "Encomendamos o estudo do professor Christopher Kopper, e publicamos [...] o relatório final dele em São Paulo. Como gesto e compromisso com a democracia no Brasil e para o fortalecimento da atuação da sociedade civil brasileira, a Volkswagen do Brasil se comprometeu a financiar atividades e ações de entidades de direitos humanos. Outras possíveis implicações futuras serão discutidas e no momento apropriado serão decididas".[8]

---

6 RUSSAU, Christian. A Volkswagen e a ditadura no Brasil. *Die Tageszeitung*, Alemanha, 24 de jun. de 2020.

7 DIRETORIA da VW foi 'cúmplice' na entrega de funcionários para tortura durante ditadura, diz historiador. *Opera Mundi*, 04 de mai. de 2018.

8 *Idem*.

Trabalhadores e executivos da VW frente a frente. Associação de perseguidos é criada

Desde os primeiros momentos de 2015 até as negociações nos Ministérios Públicos, cresciam as mobilizações deflagradas a partir da manifestação de ex-trabalhadores na portaria da Volkswagen. "Diversas entidades organizaram atividades convidando a 'velha guarda' do novo sindicalismo, antigos comunistas ou simplesmente a peãozada que lutou contra a ditadura para vivenciarem as memórias do trágico período. Paralelamente, universidades no Brasil e no exterior promoveram debates e intensificaram as pesquisas que expuseram ainda mais os graves crimes cometidos", relatou Tarcísio Tadeu.[9] Até aquele momento, o grupo de trabalhadores e familiares não havia recebido nenhuma manifestação formal por parte da montadora.

Tarcísio avaliou que, com o movimento e a repercussão crescentes, a Volkswagen viu-se ainda mais pressionada e acabou convidando representante dos metalúrgicos perseguidos para uma reunião, em abril de 2017.

O encontro aconteceu numa discreta sala do Hotel Holiday Inn, em São Bernardo do Campo. Representando os trabalhadores estavam Lúcio Bellentani, Expedito Soares e Tarcísio Tadeu. A empresa estava representada por Marcellus Puig, que assumiria pouco tempo depois a vice-presidência de Recursos Humanos para a América Latina da montadora; ele estava acompanhado de observadores jurídicos. "Pela primeira vez, estávamos frente a frente, depois de 40 anos das atrocidades que ficaram em nossas memórias e marcaram vidas", enfatizou Tarcísio.

Ele recordou que a reunião, que durou cerca de três horas, foi marcada por tensão e cada palavra dita foi medida com o máximo cuidado. "Era preciso abrir as portas do entendimento e garantir que a empresa tomasse o caminho da negociação. Perguntas e inten-

9 Entrevista concedida à autora em 08/11/2022.

ções de parte a parte foram expostas. E, ao final, a bancada empresarial lançou uma dúvida: 'Com quem estamos conversando: pessoas físicas ou jurídicas?'. Para nós, representantes dos trabalhadores, a pergunta deixou clara a necessidade de criarmos uma representação formal e, com isso, nos cercarmos de toda a cautela jurídica. Ali, a 'velha guarda' do sindicalismo no ABC abriu as portas do diálogo e deu mais um importante passo na luta por verdade, memória, justiça e reparação", ressaltou Tarcísio Tadeu à autora.

Quando esse encontro com os executivos da Volks aconteceu, as reuniões dos trabalhadores vitimados contavam com número cada vez maior de participantes e ganhava força o debate sobre a sua participação no inquérito conduzido pelos Ministérios Públicos e nas negociações com a Volkswagen que começavam a ser sinalizadas. Assim, eles decidiram pela criação de uma representação formal, a Associação dos Trabalhadores e Trabalhadoras da Volkswagen do Brasil Vitimados por Perseguições Políticas e Ideológicas no Período da Ditadura Civil-Militar. A entidade foi registrada em 6 de junho de 2018 e ganhou o nome-fantasia de Associação Heinrich Plagge, em homenagem a um dos seis presos na fábrica em 1972 e que havia falecido em 6 de março daquele ano. A presidência ficou a cargo de Lúcio Bellentani. A Associação contratou o advogado Raimundo Simão de Melo, procurador aposentado, para representá-la.

Nos encontros, o tema mais debatido entre os trabalhadores foi a necessidade de incluir a reparação individual entre as demandas. Em entrevista à autora, Expedito Soares recordou os argumentos dos associados da nova entidade: "As pessoas que foram individualmente penalizadas têm de ser reparadas, têm de ser compensadas com algum valor. Elas são protagonistas da história, são as que sofreram, perderam emprego, entraram em 'lista suja', foram prejudicadas, e a reparação coletiva é pouco. Essas pessoas estão vivas, velhas, aposentadas...".[10]

10 Entrevista concedida à autora em 01/09/2020.

Na nova entidade ninguém se posicionou contra a reparação individual, tese seguida pela maioria daqueles que haviam assinado a petição inicial em 2015. Também discutiu-se o argumento de que o mais importante era focar na reparação coletiva que estava sendo negociada, que depois de conquistada facilitaria a obtenção da reparação individual, mas essa tese não prosperou. "Defendi que não existem reparações individuais separadamente. Como elas estavam prescritas, teriam de ser acordadas no conjunto da negociação, e o papel da Associação passou a ser decisivo", contou Expedito na mesma entrevista.

Assim, em nome dos metalúrgicos perseguidos, em 15 de março de 2018 os três integrantes da Associação Heinrich Plagge que haviam subscrito a petição original e haviam participado das reuniões extraoficiais com a Volkswagen – Lúcio Bellentani, Expedito Soares e Tarcísio Tadeu – protocolaram requerimento no Ministério Público Federal para que a reparação individual também constasse do processo. Um dos argumentos foi o de que "os prejuízos aos trabalhadores" já haviam sido "demasiadamente comprovados, restando, portanto, o direito a uma reparação individual e coletiva."[11]

O pedido foi acatado e, a partir de então, o Ministério Público do Trabalho passou a integrar a equipe que conduzia o inquérito através dos procuradores Sofia Vilela, Renan Kalil e Ricardo Ballarini, uma vez que o Ministério Público Federal não tem a prerrogativa de encaminhar esse tipo de ação.

Em entrevista à autora, a procuradora Sofia Vilela esclareceu que a adesão do MPT se deu porque, antes, o processo não previa cláusula voltada à reparação aos trabalhadores. "A busca pela reparação em função das perseguições nas relações de trabalho sofridas individualmente precisaria de um inquérito civil específico, que foi aberto no âmbito do Ministério Público do Trabalho e, a partir

---

11 INQUÉRITO civil nº 1.34.001.006706-2015-26. *Ministério Público Federal*, vol. IV, f. 637.

daí, passamos a acompanhar e participar de toda a articulação dos MPs federal e estadual para o desfecho do processo", destacou a procuradora.[12]

Com a inclusão da demanda dos trabalhadores no inquérito, a Associação tratou de reunir a documentação de cada metalúrgico vitimado e buscou o apoio do Sindicato dos Metalúrgicos do ABC[13] para que a nova ação tivesse êxito. Enquanto isso, o MPT passou a ser também um dos interlocutores nas negociações com a Volkswagen. À autora, Sofia Vilela recordou que o processo negocial para se chegar a um acordo tornou-se complexo, por envolver "muitos atores sociais: três MPs – cada um com seu procurador responsável –, o promotor, a Associação [Heinrich Plagge], representantes do Fórum de Trabalhadores, o Sindicato dos Metalúrgicos [do ABC], fora a empresa, com advogados que entravam e saíam das articulações".[14]

No entanto, no âmbito do Fórum dos Trabalhadores havia alguns representantes que se manifestaram contrários à reparação individual, entre eles Sebastião Neto, que havia integrado o Grupo de Trabalho 13 da Comissão Nacional da Verdade. Um dos argumentos dele era o de que as reparações individuais não estavam no horizonte dos autores da representação ao MPF. "Há inúmeras formas de como fazer a reparação, sobretudo com o apoio a projetos de pesquisa e educativos, tratamento psicológico, de memória e elaboração de material didático. É o promotor que deve estabe-

12 Entrevista concedida à autora em 23/09/2022.

13 Em 1993, a entidade de São Bernardo do Campo e Diadema unificou-se com o Sindicato dos Metalúrgicos de Santo André, que representava também a categoria em Mauá, Ribeirão Pires e Rio Grande da Serra. Em 1996, por questões políticas internas, novamente se dividiram e a instituição de São Bernardo manteve o nome de Sindicato dos Metalúrgicos do ABC, porque continuou a representar também, além da base das duas cidades originais, trabalhadores em Ribeirão Pires e Rio Grande da Serra.

14 Entrevista concedida à autora em 23/09/2022.

lecer a reparação cabível, mas não queremos ressarcimentos individuais", opinava Neto em 2015.[15]

Militar de extrema direita é eleito presidente e sombra do autoritarismo volta a pairar no Brasil

Se, por um lado, a luta pelo direito à memória, à justiça e à reparação estivesse ganhando corpo entre aqueles que foram vitimados pelas atrocidades do regime militar e seus colaboradores civis – no caso, a Volkswagen –, por outro, naquele 2018 tanto eles quanto os defensores da democracia sofreram um duro golpe nas urnas, com a eleição de um árduo defensor da ditadura e de seus torturadores, o capitão reformado Jair Bolsonaro.

A sombra do autoritarismo voltava a pairar e o Brasil deparou-se com a chegada da extrema direita autoritária ao comando do Executivo nacional. A partir de então, junto com o presidente eleito, a possibilidade de um novo golpe militar passou a tomar conta do imaginário do país, com os sucessivos ataques que o próprio Bolsonaro desferia às instituições democráticas e com a supervalorização dada aos militares em seu governo, inclusive elogiando os que torturaram e mataram trabalhadores durante a ditadura.

---

15 VOLKSWAGEN é denunciada por crimes na ditadura. *Carta Capital*, 21 de set. de 2015.

22. Articulação para a busca da reparação aumenta e empresa abandona negociações

O Sindicato dos Metalúrgicos do ABC não havia assinado a petição do Fórum dos Trabalhadores que deflagou o inquérito civil contra a Volkswagen. A entidade entendia que já estava representada por meio da Central Única dos Trabalhadores (CUT), uma das subscritoras do documento e à qual a entidade da categoria é filiada. Em entrevista à autora, Wagner Santana, funcionário da Volks que presidiu a entidade entre maio de 2017 e janeiro de 2022, recordou: "Nos sentimos contemplados com a assinatura da CUT e avaliamos que não seria estratégico o Sindicato envolver-se diretamente, já que na época havia uma ameaça de fechamento da fábrica em São Bernardo do Campo e estávamos negociando a sua permanência".[1]

Em 2015, Santana era secretário-geral e a direção ponderava ainda que o processo estava sob o controle do Ministério Público Federal e que o Sindicato não teria poder de intervenção nele. Mas passou a entender que poderia desempenhar outros papéis: o de pressionar a empresa e ser o canal para que ela aceitasse a ideia da reparação individual e também o de articular apoio dos trabalhadores alemães para que eles interviessem junto à matriz.

"O Sindicato acabou se envolvendo, e eu pessoalmente, a partir do momento em que os integrantes da Associação Heinrich Plag-

1 Entrevista concedida à autora em 12/02/2021, quando ainda ocupava a presidência da entidade.

ge me procuraram dizendo: 'Não existe um debate no Ministério Público em relação às reparações individuais e é uma barreira que nós temos de enfrentar; por outro lado, também não existe por parte da Volks o interesse de fazer isso, o reconhecimento individual'. Assim, me propus a ajudar, e o que é ajudar? É conversar com a empresa, desempenhando meu papel de articulação com a fábrica", narrou Santana.[2]

A entidade dos metalúrgicos do ABC e a Associação também passaram a se reunir com a representação brasileira no Comitê Mundial dos Trabalhadores na VW para fazer com que a matriz da empresa influenciasse a filial a reconhecer o direito à reparação individual aos perseguidos. O comitê reúne-se quatro vezes ao ano na Alemanha para debater a situação das fábricas espalhadas pelo mundo e também temas relacionados à atuação sindical.

Em sua entrevista à autora, Reinaldo Marques da Silva (*Frangão*), que ocupava o cargo de primeiro-suplente da presidência do comitê, contou que a participação ativa da filial brasileira na ditadura passou a ser assunto dos encontros desde que o caso começou a ser divulgado na mídia. Disse também que, depois de instaurado o processo no MPF, a pressão sobre a direção mundial da companhia aumentou.

O comitê tem assento nos encontros do Conselho de Administração da empresa – que funciona em cogestão, com representação da direção, dos acionistas e dos trabalhadores – e o assunto ditadura militar no Brasil foi incluído na pauta das reuniões. "Ocupamos todos os espaços para discutir o tema e para cobrar da direção mundial uma posição clara. Depois de um tempo insistindo nessas reuniões, houve maior celeridade e a matriz deu aval para a filial brasileira buscar um entendimento com os trabalhadores perseguidos e negociar o caminho para produzir um acordo, para que

2 Entrevista concedida à autora em 12/02/2021, quando ainda ocupava a presidência da entidade.

se garantisse, inclusive, segurança jurídica, já que era algo inédito no país", lembrou Reinaldo.[3]

Ministérios Públicos apresentam propostas e começam as negociações

Diante dos depoimentos dos trabalhadores, da farta documentação e do resultado da pesquisa do perito Guaracy Mingardi, os Ministérios Públicos convenceram-se da responsabilidade da Volkswagen e, em abril de 2018, apresentaram proposta de acordo à empresa com algumas iniciativas de reparação e de promoção dos direitos humanos; as partes, finalmente, iniciaram as negociações com o intuito de evitar a judicialização do processo.

Em maio de 2018, durante assembleia anual dos acionistas da Volkswagen, Christian Russau, da Associação de Acionistas Críticos, voltou a acusar o Conselho Diretor e o Conselho de Administração da montadora de grave negligência na averiguação da colaboração da Volkswagen do Brasil com a ditadura militar brasileira. E pediu a rejeição da prestação de contas "a todos os acionistas que colocam o respeito, a garantia e o cumprimento dos direitos humanos acima do lucro".[4]

Em agosto do mesmo ano, o assunto foi novamente debatido no Comitê Mundial dos Trabalhadores na VW, quando Reinaldo Marques da Silva apontou a necessidade de a empresa posicionar-se oficialmente.

Volks recua e volta a negociar depois de pressionada

As negociações avançaram durante o primeiro semestre de 2018, sofreram uma pausa durante a troca de equipe da Procuradoria Regional do Trabalho de São Bernardo, foram retomadas

3 Entrevista concedida à autora em 12/02/2021.

4 RUSSAU, Christian. Colaboração da Volkswagen do Brasil com a ditadura militar. *Kooperation Brasilien*, Alemanha, 03 de mai de 2018.

em setembro com o retorno do MPT no caso e marcou-se uma reunião para dezembro com a perspectiva de concluir as conversas e preparar o acordo, o que acabou não acontecendo, pois os representantes da empresa disseram que iriam avaliar melhor os termos da negociação. "Quando estávamos quase fechando o acordo vieram as dificuldades e aconteceu a mudança de posição da Volkswagen", lembrou o advogado da Associação Heinrich Plagge, Raimundo Simão de Melo.[5]

A versão comentada nos bastidores para o recuo da montadora naquele momento, que seria a fase final das negociações, estava relacionada à vitória de Jair Bolsonaro nas eleições de outubro, tanto que o presidente e CEO da Volkswagen América Latina, Pablo Di Si, saudou a chegada da direita radical e avaliou que sua vitória seria uma chance para a economia e motivo para otimismo.[6]

"Será preciso observar seriamente como a Volks, uma das fabricantes de veículos historicamente mais importante do Brasil, lidará com a questão da responsabilidade no atual momento",[7] destacou o historiador suíço Antoine Acker, em artigo reproduzido pela revista *Carta Capital* em abril de 2019.

Havia duas possibilidades. Uma seria o desfecho favorável da negociação e a conclusão do inquérito, com a assinatura pela Volkswagen de um Termo de Ajustamento de Conduta (TAC) prevendo as formas de reparação. A outra seria o fracasso das negociações, que levaria o Fórum de Trabalhadores por Verdade, Justiça e Reparação a dar entrada a uma Ação Civil Pública contra a empresa, e esta responderia a um processo judicial. Essa hipótese não agradava os trabalhadores, que tinham pressa em solucionar o caso. "Quantos morreriam durante o processo sem ver o seu des-

5 Entrevista concedida à autora em 12/01/2021.

6 ACKER, Antoine. A responsabilidade histórica da Volkswagen no Brasil de Bolsonaro. *Carta Capital*, 18 de abr. de 2019.

7 *Idem.*

fecho e sem saber se seria favorável à nossa causa?", argumentou Tarcísio Tadeu.[8]

Nas vezes em que a Volkswagen saiu das negociações, ela só retornou depois de pressão política. "Essas duas vezes só foram revertidas por conta das ações da Associação Heinrich Plagge, do Sindicato e do Comitê Mundial", comentou Wagner Santana.[9] Uma das ações de pressão foi a exibição, na sede do sindicato, do documentário *Cúmplices? – A Volkswagen e a ditadura militar brasileira* aos trabalhadores na fábrica da Volkswagen em São Bernardo, em abril de 2019. "Era o Sindicato organizando os funcionários para aquele tema",[10] lembrou Santana.

No retorno das negociações, a última dificuldade para a celebração do acordo estava na definição dos valores. A montadora abriu a nova rodada oferecendo R$ 5 milhões para os dois tipos de reparação – a coletiva e a individual – e o debate se prolongou até que, diante de um novo impasse que parecia insuperável, o mecanismo adotado foi o de ameaçar a fábrica com o envolvimento dos trabalhadores em atos de protesto e paralisação da Via Anchieta.

"Eu disse à direção da empresa que ficaria muito ruim para ela caso a Via Anchieta [onde está instalada a fábrica] ficasse parada por causa de uma manifestação com milhares de trabalhadores carregando caixões fúnebres", relatou Santana, comentando ainda: "A direção da empresa sabe o que significaria a paralisação da rodovia por duas ou três horas, com as principais emissoras de TV gravando e falando do assunto. Haveria um estardalhaço com forte prejuízo à imagem da Volkswagen, e nós fizemos essa ameaça chegar até a direção mundial da empresa na Alemanha".[11]

8 Entrevista concedida à autora em 08/11/2022.

9 Entrevista concedida à autora em 12/01/2021.

10 *Idem.*

11 Entrevista concedida à autora em 12/01/2021.

Toda essa movimentação foi acompanhada de perto pelos trabalhadores vitimados em assembleias e reuniões convocadas pela Associação Heinrich Plagge que, em 19 de junho de 2019, perdeu seu presidente, Lúcio Bellentani. Ele faleceu aos 72 anos, sem conseguir vislumbrar a possibilidade de a VW prestar contas com seu passado, enquanto – junto com seus colegas de entidade, os brasileiros perseguidos pela ditadura e setores progressistas da sociedade – assistia aos ataques sistemáticos do presidente da República e seus correligionários aos direitos humanos e à democracia brasileira.

23. Pandemia de coronavírus, conjuntura, novo recuo da VW e mais pressão dos trabalhadores

Depois de alguns meses, a Volkswagen retomou a negociação – que perdurou ao longo de 2019 – para, em junho de 2020, comunicar uma nova suspensão, desta vez emitindo um comunicado oficial ao Ministério Público Federal no qual declarava: "A participação de representantes da empresa nas negociações será suspensa por enquanto, pois a empresa está sofrendo prejuízos financeiros em decorrência da pandemia do novo coronavírus".[1]

Diante de nova suspensão no momento em que os termos da negociação já estavam definidos – faltando apenas determinar os valores das reparações –, os demais atores envolvidos no caso ficaram com a impressão de que a direção da empresa avaliava as perdas e ganhos políticos de não assinar o acordo, conforme relatou o advogado da Associação, Raimundo Simão de Melo.[2]

O procurador criminal do Ministério Público de São Paulo, Eduardo Ferreira Valério, ponderou que nunca houve um rompimento formal das negociações, embora avaliasse que existiam muitas variáveis para essa postura da montadora. "É um assunto muito sensível à conjuntura política do momento e acabamos conduzindo as negociações num período de turbulência que veio desde o golpe de 2016 [*impeachment* da presidenta Dilma Rousseff] e passou

---

1 RUSSAU, Christian. A Volkswagen e a ditadura no Brasil. *Die Tageszeitung*, Alemanha, 24 de jun. de 2020.

2 Entrevista concedida à autora em 16/01/2021.

pela eleição e primeiros anos de governo de Jair Bolsonaro. Mas não acredito que essas saídas deram-se exclusivamente em função da conjuntura",[3] opinou Valério, que à época do inquérito contra a Volkswagen era o promotor de Direitos Humanos do MP-SP designado por acompanhá-lo, ao lado da promotora Anna Trotta Yaryd.

Para ele, houve "recuos táticos" por parte da empresa até para avaliar seus desdobramentos. "Não era apenas a conjuntura. Havia também a pressão que vinha da matriz, do sindicato de trabalhadores na Alemanha, as questões internas da relação da empresa com o sindicato local. E não tínhamos controle nem a compreensão exata de todas elas", disse na entrevista, completando: "Em muitas ocasiões, percebíamos a própria dinâmica interna da fábrica em tentar fazer o acordo o quanto antes para ficar livre do problema, mas ao mesmo tempo ela sabia que estavam abrindo um precedente que poderia gerar dificuldades na relação com outras empresas do setor. Enfim, isso tudo entrou na balança".

Além da pandemia de Covid-19, que colocou o mundo em compasso de espera nos primeiros meses de 2020 e causou abalos na economia mundial, o procurador da República Pedro Machado lembrou,[4] de outra turbulência envolvendo a marca Volkswagen enquanto corria o inquérito e as negociações no Brasil: o escândalo da fraude em teste de emissão de poluentes em veículos a diesel, que ficou conhecido como *Dieselgate,*[5] cujo desfecho, com pesadas multas, deu-se em 2017 nos Estados Unidos e em 2018 na Alemanha. "Negociar tema tão delicado – o resgate de memória e verdade sobre violação de direitos humanos – em meio a tais turbulências foi mais complexo", considerou o procurador.

---

3 Entrevista concedida à autora em 18/11/2022.

4 Entrevista concedida à autora por e-mail em 16/11/2022.

5 Sobre o assunto, ver em https://exame.com/negocios/volkswagen-e-multada-por-fraude-em-testes-de-emissao-de-poluentes/. Acesso em: 21/11/2022.

Durante pandemia, trabalhadores buscam alternativas para acompanhar o desenrolar do processo

Com a morte de Lúcio Bellentani, a presidência da Associação Heinrich Plagge foi assumida por Tarcísio Tadeu, que já integrava a direção. No primeiro semestre de 2020, o país vivia o isolamento decorrente da pandemia de Covid-19 e o contato com os associados da entidade ocorria por telefone e aplicativos de celular. Era por esses meios que os trabalhadores e os familiares dos que já haviam falecido acompanhavam o desenrolar das ações e souberam da última suspensão da negociação por parte da empresa. "Havia muita ansiedade e expectativa de que se chegasse ao acordo, ainda mais diante da realidade política do Brasil, com os constantes ataques à democracia, aos cidadãos e aos direitos humanos praticados pelo presidente e seus seguidores e quando a palavra golpe tomava conta do noticiário", recordou Tarcísio Tadeu.[6]

Enquanto isso, nos bastidores as entidades representativas de trabalhadores continuavam a pressionar a empresa no Brasil e na Alemanha para que ela voltasse à mesa de negociação e chegasse a um acordo para evitar a judicialização do processo.

A pressão finalmente deu resultado. Em 30 de julho de 2020, os dirigentes da Associação Heinrich Plagge e o presidente do Sindicato dos Metalúrgicos do ABC, Wagner Santana, reuniram-se com o presidente da Volkswagen para a América Latina e Brasil, Pablo Di Si, e executivos do alto escalão da montadora, e firmaram os termos para a reparação individual aos trabalhadores. O encontro, na sede da filial da multinacional em São Bernardo do Campo, terminou com a assinatura de um protocolo de entendimento que seria validado na finalização do processo negocial em curso com os Ministérios Públicos. Estava selado o acordo que evitaria a judicialização do processo e outro longo tempo de espera, sem garantia do resultado no julgamento da ação.

6 Entrevista concedida à autora em 08/11/2022.

Associação Heinrich Plagge

Protesto de trabalhadores perseguidos pela VW, em 14 de dezembro de 2017, na portaria da fábrica, enquanto a montadora divulgava o estudo sobre o caso contratado pela matriz (esq. para dir.: Lúcio Antônio Bellentani, Expedito Soares Batista, José Braz Sobrinho, José da Costa Leite, Tarcísio Tadeu Garcia Pereira e Vilmo Oliver Franchi)

José Igor dos Santos

Dirigentes da Associação Heinrich Plagge em frente à sede do Ministério Público do Estado de São Paulo, logo após uma reunião em 2019 (esq. para dir.: Geovaldo Gomes dos Santos, Tarcísio Tadeu Garcia Pereira, Lúcio Antônio Bellentani, Vilmo Oliver Franchi e Antônio Rodrigues)

Jornal da AHP denuncia violações cometidas pela Volkswagen durante a ditadura. O título leva o nome do documentário produzido pela TV pública alemã em 2017

Noticiário da imprensa repercute ações da Volkswagen na colaboração com o regime

PARTE VI
Setembro de 2020-2022

Pela primeira vez na história, empresa assume responsabilidade por violações cometidas na ditadura e faz reparação a trabalhadores

24. Espera de cinco anos chega ao fim: VW presta contas de passado e assina acordo inédito

Na manhã do dia 23 de setembro de 2020, o auditório do Sindicato dos Metalúrgicos do ABC, em São Bernardo do Campo, foi palco de uma atividade histórica ao reunir metalúrgicos perseguidos pela Volkswagen durante a ditadura e familiares de falecidos que sofreram as mesmas violações na empresa. Era o primeiro encontro presencial que faziam durante a pandemia do coronavírus, quando simbolicamente aprovaram por unanimidade o desfecho de uma luta institucional que já durava cinco anos: o Termo de Ajustamento de Conduta (TAC) assinado naquele dia pela multinacional alemã, pelos Ministérios Públicos e pelos trabalhadores por meio da Associação Heinrich Plagge (AHP).

A notícia do acordo extrajudicial inédito firmado foi recebida com alívio e emoção pelos metalúrgicos e familiares representados pela AHP presentes no encontro.

"A importância maior do TAC é que estamos vivendo um mundo de trevas no Brasil. Num momento tão grave, termos um resultado desses é muito mais do que um acordo econômico, muito mais que um acordo de indenização e reparação individual. É um acordo de memória, de justiça", enfatizou no encontro o presidente da AHP, Tarcísio Tadeu,[1] referindo-se à conjuntura brasileira daquele momento, com os constantes ataques à democracia, às suas instituições e aos direitos humanos desferidos pelo presidente

1 VOLKSWAGEN reconhece colaboração com a ditadura e ex-trabalhadores perseguidos serão reparados. *Sindicato dos Metalúrgicos do ABC*, São Bernardo do Campo, 24 de set. de 2020.

da República e seus seguidores, bem como sua insistente valorização da ditadura.

O acordo extrajudicial estabeleceu o pagamento total de R$ 36,3 milhões por parte da Volkswagen para iniciativas de promoção de direitos humanos (reparação coletiva) e a reparação individual a ex-funcionários perseguidos durante o regime militar (ver mais detalhes a seguir).

No evento, o então presidente do Sindicato dos Metalúrgicos do ABC, Wagner Santana, destacou: "Este é um dia histórico para a classe trabalhadora. É o maior acordo que ajudei a produzir [...]. Era preciso fazer com que aqueles que contribuíram para esse momento tão ruim da nossa história reconhecessem o papel perverso que tiveram contra a democracia. Esta vitória é consequência da luta de cada um de vocês".[2]

Referindo-se à documentação e à investigação relativas à colaboração da Volks com o regime de exceção, o tesoureiro da Associação, Vilmo Franchi, complementou: "É um grande acordo, não só para a categoria metalúrgica do ABC, mas para o Brasil inteiro, porque, acima de tudo, [...] fica muito bem provado que essas coisas [as violações] aconteceram".[3]

A primeira assinatura de aprovação simbólica do TAC foi feita por um menino de 10 anos de idade: Gustavo Bellentani, neto de Lúcio Bellentani, um dos principais personagens da luta por memória, justiça e reparação no episódio Volkswagen.

Começava ali a etapa final para o encerramento do caso, quando os metalúrgicos perseguidos e os familiares dos mortos passariam a organizar a documentação que faltava para dar início ao processo de reparação individual aos vitimados.

---

2 VOLKSWAGEN reconhece colaboração com a ditadura e ex-trabalhadores perseguidos serão reparados. *Sindicato dos Metalúrgicos do ABC*, São Bernardo do Campo, 24 de set. de 2020.

3 *Idem.*

Enquanto isso, o acordo extrajudicial e o correspondente arquivamento do inquérito seriam submetidos à homologação do Conselho Superior do Ministério Público do Estado de São Paulo e, no âmbito do Ministério Público Federal, pelo Núcleo de Apoio Operacional da Procuradoria Federal dos Direitos do Cidadão da 3ª Região. Só a partir de então é que os recursos da reparação seriam liberados, e a Volkswagen publicaria uma nota pública a respeito do assunto em jornais de grande circulação.

No cenário nacional daquele ano, a disseminação do coronavírus crescia além da média mundial – por políticas negacionistas do governo federal em relação à pandemia –, e o saldo foi de mais de 230 mil mortos pela doença ao final de 2020.[4] Quatro meses mais tarde, Vilmo Franchi, tesoureiro da Associação Heinrich Plagge, faleceu em decorrência da Covid-19 em 29 de abril de 2021, sem chegar a ver o desfecho completo do caso Volkswagen.

No âmbito político, os ataques ao Estado Democrático de Direito desferidos pelo presidente Bolsonaro continuaram naquele ano – aliás, foram a marca de todo o seu mandato –, tanto que o estudo Variações da Democracia, da Universidade de Gotemburgo (Suécia), apontou que em 2020 o Brasil foi a quarta nação que mais se afastou da democracia entre 202 países analisados.[5]

A divisão de recursos definida no acordo

Na divisão do total de R$ 36,3 milhões pactuados no Termo de Ajustamento de Conduta para iniciativas de reparação e promoção dos direitos humanos no Brasil, R$ 16,8 milhões foram destinados à Associação Heinrich Plagge para o pagamento das reparações aos

---

4 LEVY, Bel. Estudo analisa registro de óbitos por Covid-19 em 2020. *Fundação Oswaldo Cruz,* Rio de Janeiro, 25 de ago. de 2021. Até novembro de 2022, o número total de mortos pela Covid-19 atingia a marca de quase 690 mil pessoas no país.

5 SANCHES, Mariana. Brasil é o 4º país que mais se afastou da democracia em 2020, diz relatório. *BBC News Brasil,* 12 de abr. de 2021.

trabalhadores presos, torturados e perseguidos durante a ditadura, a partir de critérios aprovados em assembleia da entidade, quando de sua fundação, e homologados pelos Ministérios Públicos.

Para garantir a transparência no processo e a análise imparcial, a Associação contratou um árbitro independente para analisar caso a caso a partir da documentação apresentada individualmente pelos metalúrgicos ou seus sucessores. O resultado da sentença e de seus eventuais recursos estariam sob supervisão e homologação do Ministério Público do Trabalho (ver mais à frente).

Outros R$ 9 milhões foram remetidos aos Fundos Federal e Estadual de Defesa e Reparação de Direitos Difusos. Ambos são responsáveis pela aplicação de recursos oriundos de processos judiciais ou acordos extrajudiciais em projetos que previnam ou recomponham danos causados ao meio ambiente, ao patrimônio histórico e artístico, à ordem econômica, aos trabalhadores e às pessoas idosas, entre outros interesses determinados por lei.

Os R$ 10,5 milhões restantes foram destinados a projetos ligados à Justiça de Transição, ou seja, a iniciativas de resgate da memória sobre violações aos direitos humanos e a resistência dos trabalhadores, entre elas o Memorial da Luta por Justiça sob a responsabilidade da seção paulista da Ordem dos Advogados do Brasil e do Núcleo de Preservação da Memória Política, num aporte de R$ 6 milhões para sua implantação na sede da antiga Auditoria Militar em São Paulo, onde foram julgados dezenas de trabalhadores e militantes políticos durante a ditadura.

Já a Universidade Federal de São Paulo recebeu R$ 4,5 milhões, dos quais R$ 2,5 milhões para o financiamento do trabalho do Centro de Antropologia e Arqueologia Forense (CAAF) para a identificação das ossadas encontradas em uma vala clandestina no cemitério de Perus, na capital paulista, em 1990.[6] Finalmente, R$

6 A vala clandestina, com 1.049 ossadas, foi descoberta em 4 de setembro de 1990. Logo depois foi dado início ao trabalho de identificação das ossada

2 milhões foram reservados para pesquisas da instituição sobre a cumplicidade de empresas com violações aos direitos humanos durante a ditadura.

A posição dos Ministérios Públicos e da Volkswagen sobre o TAC

No mesmo dia 23 de setembro de 2020, os três Ministérios Públicos emitiram nota conjunta[7] na qual destacaram o ineditismo do acordo extrajudicial na história do Brasil e sua importância para a promoção da Justiça de Transição no país e no mundo e o enfrentamento do legado de violações aos direitos humanos praticado por regimes ditatoriais como "imperativo moral e jurídico".

Diante da conjuntura em que se deu o acordo, enfatizaram ainda: "Não se logra virar páginas ignóbeis da história sem plena revelação da verdade, reparação às vítimas, promoção da responsabilidade dos autores de graves violações aos direitos humanos, preservação e divulgação da memória e efetivação de reformas institucionais, sob pena de debilidade democrática e riscos de recorrência. O Brasil, infelizmente, segue como um caso notável de resistência à promoção ampla dessa agenda e, não por acaso, ecoam manifestações de desapreço às suas instituições democráticas. No mundo, por outro lado, são ainda raros os episódios de empresas que aceitam participar de um processo dessa natureza e rever suas responsabilidades pela colaboração com regimes autoritários".

Também naquela data, a Volkswagen do Brasil emitiu *release* à imprensa[8] com a seguinte declaração do representante da matriz

---

que, numa primeira etapa, durou pouco mais de 10 anos. Entre os identificados, em 1991 foram descobertos os restos mortais de Dênis Casemiro, operador de máquinas na Volkswagen no final dos anos 1960 e militante político que estava desaparecido desde 1971.

7 NOTA pública. *Ministérios Públicos Federal, do Estado de São Paulo e do Trabalho*, São Paulo, 23 de set. de 2020.

8 VOLKSWAGEN assina acordo para resgate histórico. *Volkswagen do Brasil*, São Bernardo do Campo, 23 de set. de 2020. Em agosto de 2022,

da multinacional Hiltrud Werner, membro do Conselho de Administração por Integridade e Assuntos Jurídicos: "Lamentamos as violações que ocorreram no passado. Para a Volkswagen AG, é importante lidar com responsabilidade com esse capítulo negativo da história do Brasil e promover a transparência".

No texto, depois de detalhar a destinação dos recursos previstos no TAC, a montadora concluiu: "A Volkswagen é a primeira empresa estrangeira a enfrentar seu passado de forma transparente durante a ditadura militar no Brasil. Em 2016, a empresa encomendou um estudo científico independente, apresentado pelo historiador Professor Dr. Christopher Kopper, da Universidade de Bielefeld. À luz da avaliação científica das fontes disponíveis, o Professor Kopper conclui em seu estudo científico independente que houve cooperação entre os agentes de segurança da Volkswagen do Brasil e o antigo regime militar, mas não foram encontradas evidências claras de que essa cooperação foi institucionalizada na empresa. Naquela época, os funcionários poderiam ter sido expostos a violações dos direitos humanos".

Na sequência do acordo, em 5 de outubro de 2020 os Ministérios Públicos Federal, do Trabalho e Estadual de São Paulo veicularam o relatório conjunto "Direitos humanos, empresas e justiça de transição: o papel da Volkswagen do Brasil na repressão política durante a ditadura militar".[9] Com 64 páginas, o documento resumiu o trabalho investigativo desenvolvido ao longo dos cinco anos de tramitação do inquérito.

---

a autora fez contato com a empresa, através de sua assessoria de imprensa, para buscar declarações da VW para este livro. A posição oficial da montadora foi o envio, por e-mail, do link do mesmo texto em 02 de set. de 2022.

9 RELATÓRIO Direitos Humanos, empresas e Justiça de Transição: o papel da Volkswagen na repressão política durante a ditadura militar. *Ministério Público Federal.*

25. Recurso é negado, TAC é homologado e a reparação é feita pela VW

Enquanto aconteciam as últimas rodadas de negociação entre os Ministérios Públicos, a Volkswagen e representantes da Associação Heinrich Plagge e do Fórum de Trabalhadores para definir os termos do acordo extrajudicial, um grupo de oito pessoas (algumas delas integrantes do Fórum dos Trabalhadores por Memória, Justiça e Reparação) divulgou manifesto público[1] para criticar o desfecho que estava sendo vislumbrado para encerrar o inquérito (os nomes podem ser conferidos no link indicado na nota de rodapé).

O documento do grupo, divulgado no início de agosto de 2020, ressaltou a importância do caso Volkswagen para a Justiça de Transição e da reparação individual às vítimas e suas famílias, mas reivindicava uma reparação de caráter "imaterial" com o argumento de que a empresa deveria custear um "lugar de memória das lutas dos trabalhadores e da participação empresarial em violações de direitos humanos na ditadura". O espaço pretendido era a Galeria Prestes Maia, no centro de São Paulo.

A proposta foi apresentada ainda no início do inquérito – quando o grupo defendia apenas a reparação coletiva e era contrário à indenização individual dos trabalhadores vitimados. Durante o desenrolar das negociações, a questão da reparação individual ganhou força e acabou sendo aceita pelo grupo, mas o memorial nos moldes reivindicado ficou fora do acordo extrajudicial.

---

1 CARVALHO, Joaquim de. Volks e ditadura: movimento das vítimas exige memorial para fechar acordo de reparação. *Diário do Centro do Mundo*, 04 de ago. de 2020.

MPs avaliam que acordo foi o possível e enaltecem TAC

Depois de assinado o TAC, o grupo e algumas entidades que integraram o Fórum de Trabalhadores entraram com recurso no Ministério Público Federal pedindo a reconsideração do TAC. O recurso foi negado pela Procuradoria Federal dos Direitos do Cidadão (PFDC) que, em 15 de janeiro de 2021, homologou por unanimidade o acordo extrajudicial firmado e determinou o arquivamento do inquérito contra a Volkswagen. A partir daquele momento, o TAC estava totalmente validado.

Carlos Alberto Vilhena, subprocurador-geral da República e procurador federal dos Direitos do Cidadão, que assinou a homologação, afirmou: "A ausência de precedente que pudesse servir de parâmetro para as obrigações pactuadas não impediu a construção do acerto, bem como a alta probabilidade de que se tenha alcançado, por meio do TAC em análise, reparação muito mais efetiva e célere do que aquela que possivelmente seria obtida no caso de uma eventual judicialização". Ele considerou o acordo "paradigmático" e observou que um TAC privilegia "soluções viáveis em detrimento das soluções ideais, notadamente quando se trata de conflitos complexos". [2]

Já matéria veiculada no site do MPF avaliou que, "ao concordar com o arquivamento do inquérito civil, a PFDC reforçou a consistência das investigações realizadas, destacando que um prolongamento da sua duração 'traz o risco de nunca se chegar a conclusão alguma, resultando em prejuízos irreversíveis para a memória e a verdade dos trabalhadores afetados pelas condutas da VW do Brasil no período em análise'".[3]

---

2 NUZZI, Vitor. Ministério Público chancela acordo com punições à Volkswagen por apoio à ditadura. *Rede Brasil Atual*, 15 de jan. de 2021.

3 PFDC homologa TAC que prevê pagamento de mais de R$ 36 milhões pela empresa Volkswagen. *Ministério Público Federal*, 15 de jan. de 2021.

Os representantes dos três Ministérios Públicos consideraram, em entrevistas à autora, que o resultado do TAC foi o possível diante da complexidade, do ineditismo e dos atores envolvidos no processo. Lembraram também que, em negociações, cada lado tem de fazer concessões.

A procuradora Sofia Vilela, do MPT, reforçou que o processo foi concluído com o consenso de que se havia chegado ao acordo possível. "Sempre haverá pessoas que vão criticar, e que estão no direito de criticar, que acharão que poderíamos ter avançado mais e solicitado mais coisas e valores maiores. Mas só quem estava no processo de negociação tem ciência do quanto foi árduo, porque eram vários atores envolvidos. Todas as cláusulas foram conquistadas com muito trabalho e até mesmo cada palavra foi negociada para atender os interesses de todos". O mais importante, prosseguiu a procuradora, foi o valor histórico decorrente do acordo: "Houve um reconhecimento dessas violações [cometidas pela Volkswagen] no período da ditadura militar e o registro histórico de que ocorreram. Houve, enfim, um resgate dos direitos humanos".[4]

Para o procurador do MPF, Pedro Machado, "atender a todas as expectativas dos trabalhadores foi uma dificuldade, inclusive para que eles compreendessem que, numa negociação, tem de haver concessões recíprocas e a reparação nunca será integral". Machado enfatizou ainda que a opção de levar o tema ao Judiciário "seria uma batalha ainda mais difícil, demorada e sem qualquer segurança de êxito. E esse convencimento [dos trabalhadores] é relevante, pois eles foram as vítimas".[5]

Já Eduardo Valério, do MP-SP, avaliou que o acordo foi bom, mas não o ideal. "É claro que queríamos muito mais. Se fôssemos a juízo, o pedido seria muito além do que foi esse TAC. Quando

4 Entrevista concedida à autora em 23/09/2022.

5 Entrevista concedida à autora por e-mail em 16/11/2022.

se faz um acordo, a essência dele é o consenso e aí pressupõe-se que os lados abram mão de alguma coisa. Tenho certeza de que para a VW foi a melhor coisa. A indústria dirá o mesmo. É claro que não queria dar tudo isso, queria dar muito menos, mas foi o possível. É a ideia do meio termo", afirmou, lembrando que a primeira oferta financeira da Volkswagen havia sido de R$ 5 milhões. Disse ainda: "Conseguimos o acordo sem a necessidade de uma demanda judicial, que sempre avaliamos como sendo uma aventura, porque haveria a questão da prescrição. E para a indenização individual de trabalhadores isso seria fatal, sem falar, inclusive, no risco de perdermos tudo. Além disso, é preciso ponderar que o Judiciário não tem sido um grande parceiro nas questões que envolvem tutela coletiva de direitos humanos".[6]

Volkswagen publica nota e libera recursos pactuados

Três meses depois da homologação do Termo de Ajustamento de Conduta e do arquivamento do inquérito, a Volkswagen do Brasil cumpriu outra parte determinada no acordo e publicou, em 14 de março de 2021, a seguinte nota pública nos jornais *O Estado de S. Paulo* e *Folha de S. Paulo*:

> *Norteada por seu compromisso de longo prazo com o país, a Volkswagen foi a primeira empresa do setor automotivo a examinar sua história durante o período da ditadura militar no Brasil, ouvindo as entidades e comissões que buscam informações sobre as relações entre o regime à época e o setor privado.*
>
> *Em nome da transparência, a Volkswagen compartilhou, desde 2015, todas as informações disponíveis com o Ministério Público Federal, o Ministério Pú-*

6 Entrevista concedida à autora em 18/11/2022.

> *blico do Estado de São Paulo e o Ministério Público do Trabalho. Além disso, por meio de um acordo sem precedentes no país, firmado com essas entidades, a empresa disponibilizará recursos significativos ao Fundo de Defesa de Direitos Difusos (Federal) e ao Fundo Especial de Despesa de Reparação de Interesses Difusos Lesados (Estado de São Paulo) e apoiará projetos destinados à promoção de memória e verdade em relação a violações aos Direitos Humanos ocorridas no Brasil durante a ditadura militar, de 1964 a 1985, e pesquisas históricas sobre o período.*
>
> *Em defesa incondicional do Estado Democrático de Direito, a Volkswagen lamenta profundamente as violações de Direitos Humanos ocorridas naquele momento histórico e se solidariza por eventuais episódios que envolveram seus ex-empregados e seus familiares, em total desacordo com os valores da empresa. A Volkswagen reconhece que é responsabilidade comum de todos os agentes econômicos e da sociedade respeitar e promover os Direitos Humanos.*

No dia seguinte, a Associação Heinrich Plagge, também por meio de nota, considerou que o primeiro fato importante no comunicado da montadora "é que uma empresa do porte da Volkswagen reconhece que houve violação de direitos humanos contra seus ex-empregados naquele sombrio momento vivido no Brasil".

Depois de destacar que o posicionamento veiculado pela multinacional foi fruto do resultado das investigações promovidas no âmbito dos Ministérios Públicos, a entidade dos metalúrgicos vitimados avaliou: "se consolida mais um passo para promover a memória de nossas lutas; as reparações coletivas e individuais assumidas pela VW abrem caminho para se fazer Justiça aos que enfrentaram e mantiveram de cabeça erguida, por décadas, sua luta, sem se dobrar ao desânimo, mas sempre acreditando em reescrever essa história, tantos anos depois".

E, referindo-se à conjuntura nacional, a Associação concluiu: "neste momento da tragédia política em que vive o Brasil, a nota pública da VW, como parte dos entendimentos realizados perante os MPs, acende uma luz para se encontrar caminho em que o Estado Democrático de Direito jamais seja ameaçado e violado".[7]

Reparação individual é feita

Com a liberação de recursos, a Associação Heinrich Plagge remeteu a documentação dos metalúrgicos para o árbitro independente contratado para definir quem tinha direito à reparação individual e qual o montante a ser destinado a cada um dos que se encaixavam dentro dos critérios pré-estabelecidos e pactuados com os Ministério Públicos, sob supervisão e posterior homologação dos procuradores do Trabalho.

Os critérios eram: presos e/ou torturados com a efetiva participação da empresa, ainda que indiretamente, em conjunto com os órgãos de repressão; punidos, demitidos, licenciados ou compelidos ao afastamento das atividades remuneradas que exerciam, ou impedidos de exercer atividades profissionais por motivação política e que tenham sido alvo de perseguição ou monitoramento do Estado; submetidos a cárcere privado no interior da empresa, com participação direta ou indireta dos órgãos de repressão do Estado; trabalhadores que tiveram seus nomes, endereços residenciais e/ou documentos funcionais entregues pela Volkswagen do Brasil aos órgãos de repressão do Estado; e trabalhadores que tiveram

7 NOTA pública da Associação Heinrich Plagge. *Agência Sindical*, 15 de mar de 2021.

seus nomes vinculados em listas entregues pela Volkswagen a um sistema empresarial/repressivo que os impediam de acessar outro emprego.

"Com isso, o árbitro responsável pelos laudos e sentenças das reparações pôde fazer seu trabalho mais tranquilamente, de acordo com os critérios que havíamos estabelecido junto com os MPs", destacou o presidente da Associação, Tarcísio Tadeu.[8]

Um detalhe levantado pela procuradora Sofia Vilela na entrevista à autora refere-se a como o montante do valor aos trabalhadores foi denominado. "Depois de muita negociação, o termo acertado para o repasse dos recursos foi o de 'doação'. Ou seja, até para detalhes como este houve muita conversa entre os atores envolvidos no processo", recordou.[9]

A arbitragem para determinar a reparação individual ficou a cargo de Carlos Henrique Bezerra Leite, desembargador do Trabalho aposentado e professor de Direito Processual do Trabalho e Direitos Fundamentais Sociais da Fundação Getúlio Vargas. Com base na documentação de cada trabalhador, ele avaliou, no caso dos que comprovadamente tinham direito à indenização, a proporção dos valores: os que foram presos e torturados receberam mais do que aqueles que foram monitorados, perseguidos e colocados nas "listas sujas" (nestes casos, a proporção também foi diferente, de acordo com o volume de provas apresentadas).

O processo conduzido pelo juiz arbitral, com base em preceitos legais, demorou sete meses e foi concluído em 13 de julho de 2022, considerando-se sentenças e prazos para recursos. Ao final de todas as etapas, 50 trabalhadores tiveram direito à reparação individual. Sete dessas indenizações foram pagas às famílias, pois os metalúrgicos já eram falecidos.

---

8 Entrevista concedida à autora em 08/11/2022.

9 Entrevista concedida à autora em 23/09/2022.

Em relação ao Memorial da Luta pela Justiça, a seção paulista da Ordem dos Advogados do Brasil informou à autora que o projeto está pronto, mas em fase de captação de mais recursos, já que o montante recebido da Volkswagen (R$ 6 milhões), embora importante, não foi o suficiente para a reforma das instalações da antiga sede da Auditoria Militar na capital paulista. Assim, em novembro de 2022, a OAB abriu edital para receber doações com o objetivo de viabilizar a reforma das instalações e "transformar o espaço num lugar destinado a representar a memória dos presos políticos e das vítimas da época, assim como enaltecer a batalha de todos os que lutaram, e ainda lutam, por justiça".[10]

Já no que se refere à aplicação dos valores repassados à Universidade Federal de São Paulo (Unifesp), R$ 2,5 milhões restantes foram utilizados para a conclusão da primeira fase dos trabalhos de identificação das ossadas encontradas no cemitério clandestino de Perus. O Centro de Antropologia e Arqueologia Forense (CAAF) da Unifesp terminou essa fase em junho de 2022 e, a partir de então, deu início à etapa chamada de reassociação, ao analisar as misturas dos remanescentes ósseos que estão em 1.052 caixas. Desde a descoberta da vala clandestina, em 1990, foram identificados restos mortais de cinco desaparecidos políticos, e o CAAF estima que haveria no total 40 ossadas de militantes assassinados pelo regime militar.

Os R$ 2 milhões restantes foram destinados, ainda em 2021, à pesquisa *A responsabilidade de empresas por violações de direitos durante a Ditadura*, que está em andamento e a cargo de um grupo de 13 pessoas vinculadas a universidades brasileiras, da Argentina, da Colômbia e da Inglaterra. Na equipe também está a advogada Rosa Cardoso, que coordenou a Comissão Nacional da Verdade e informou à autora que 11 empresas estão sob investigação desse

10 Informações repassadas à autora pela assessoria de imprensa da OAB-SP em 29/11/2022.

grupo.[11] "Além disso, já há quatro inquéritos em andamento no Ministério Público", informou a advogada.[12] Os inquéritos apuram violações cometidas pelas seguintes empresas: Embraer, Fiat, Docas de Santos e novamente a Volkswagen do Brasil que, pouco tempo depois da assinatura do TAC, ganhou as páginas do noticiário com denúncia de violação aos direitos humanos em propriedade rural da montadora no estado do Pará, na década de 1970.

A nova acusação foi feita pelo Ministério Público do Trabalho em 2022. Desta vez, a investigação do MPT, iniciada em 2019,[13] apontou que a Companhia Vale do Rio Cristalino, subsidiária da Volkswagen, empregou trabalho escravo e tráfico de pessoas na Fazenda Vale do Rio Cristalino, conhecida como Fazenda Volkswagen, em Santana do Araguaia, entre as décadas de 1970 e 1980.

Segundo o Ministério Público, os trabalhadores viviam em situação degradante em alojamentos insalubres e eram impedidos de sair da fazenda. Existem denúncias de trabalhadores mantidos por dias apanhando e sendo torturados, conforme revelou reportagem da televisão pública *ARD* e o jornal *Süddeutsche Zeitung* veiculada em maio de 2022.[14] Quando a denúncia surgiu, a empresa, por meio de nota, disse que "reforça seu compromisso de contribuir com as investigações envolvendo direitos humanos de forma muito séria" e que não comentaria "o assunto até que tenha clareza sobre todas as alegações".

---

11 As empresas sob investigação são: Aracruz, Cobrasma, Companhia Docas de Santos, Companhia Siderúrgica Nacional, Embraer, Fiat, Folha de S. Paulo, Itaipu Binacional, Josapar, Paranapanema e Petrobras.

12 Entrevista concedida à autora em 14/12/2022.

13 JORDÃO, Paulo. Pará – Volkswagen vai ser responsabilizada por trabalho escravo. *Ver-o-fato*, Belém, 01 de jun. de 2022.

14 GALVÃO, Walder; NETO, Pedro Alves. 'Chegaram a ser amarrados em árvores e mantidos por dias apanhando e sendo torturados', diz procurador sobre investigação de trabalho escravo pela Volkswagen durante a ditadura. *Portal G1*, 31/05/2022. Acesso em: 29/11/2022.

Reconhecimento histórico das violações e democracia reafirmada nas urnas

Ao resumir o desfecho do longo processo que culminou na assinatura do Termo de Ajustamento de Conduta pelas violações cometidas na fábrica, a procuradora Sofia Vilela concluiu: "O resultado foi muito benéfico, não só no que se refere diretamente a quem pôde receber valores [trabalhadores e instituições], mas para o próprio país, como um reconhecimento histórico de suas violações aos direitos humanos e a necessidade de que não haja repetição de situações como essas".[15]

Para os trabalhadores e familiares representados pela Associação Heinrich Plagge, ficou o sentimento da justiça sendo feita depois de demorada e persistente luta (ver no próximo capítulo). No entanto, para Maria Sérgia, viúva de Lúcio Bellentani, o desfecho não foi totalmente satisfatório. Em entrevista,[16] ela disse que esperava um "pedido público" de desculpas por parte da montadora. Por isso, em outubro de 2022 decidiu ir à Alemanha e se reuniu com o representante de Direitos Humanos da empresa, Kerstin Waltenberg, mas seu objetivo não foi alcançado. "O que ouvi é que pessoa jurídica não pede desculpas", contou, avaliando que a reparação financeira seria uma consequência do processo.

Naquele mesmo mês, o Brasil preparava-se para sua mais importante eleição desde a redemocratização. Estavam em jogo dois projetos contraditórios: a defesa efetiva da democracia e do Estado de Direito *versus* a tentativa de reeleição do projeto de extrema direita de aprofundamento do retrocesso de direitos sociais, trabalhistas e humanos e de ataques às instituições personificados por Jair Bolsonaro.

---

15 Entrevista concedida à autora em 23/09/2022.

16 Entrevista concedida à autora em 28/11/2022.

Em 30 de outubro de 2022, a defesa da democracia foi vitoriosa nas urnas, com a eleição de Luiz Inácio Lula da Silva pela terceira vez desde a retomada do voto popular para presidente. Vale lembrar que ele mesmo foi um dos monitorados pela Volkswagen durante a ditadura militar quando estava à frente do Sindicato dos Metalúrgicos de São Bernardo do Campo e Diadema.[17]

Para a Associação Heinrich Plagge, toda a luta dos trabalhadores para que se chegasse ao acordo extrajudicial com a Volkswagen representou, em certa medida, a defesa do Estado Democrático de Direito. "Foi um enfrentamento político contra um governo que acabamos de derrotar nas urnas, mas que defendia as arbitrariedades e que, se pudesse, nos amordaçaria. O TAC representou tudo isso. É uma vitória muito maior pelo fato de ter sido firmado sob a égide de um governo negacionista",[18] assegurou Tarcísio Tadeu.

---

17 A VOLKSWAGEN espionou Lula e outros líderes sindicais para a ditadura militar. *El País Brasil*, 05 de set. de 2014.

18 Entrevista concedida à autora em 08/11/2022.

26. O que o TAC representou para os trabalhadores, a justiça e a sociedade brasileira

O Termo de Ajustamento de Conduta (TAC) assinado pela Volkswagen é um marco para a sociedade brasileira e abre a perspectiva de ampliar a luta por memória, justiça e reparação dos atos praticados durante o regime militar no país contra trabalhadores e cidadãos que defendiam a democracia.

Essa é, em resumo, a conclusão dos personagens envolvidos no processo desencadeado desde a petição protocolada no Ministério Público Federal em setembro de 2015 pelo Fórum dos Trabalhadores por Memória, Justiça e Reparação, em notas públicas e declarações prestadas à autora depois do desfecho do processo, publicadas aqui em ordem alfabética:

> **Associação Heinrich Plagge**
>
> O acordo é um marco, vira uma página importante, especialmente num momento tão trágico que vive o nosso país [sob o governo de Jair Bolsonaro]. É o reacender de uma nova esperança na luta dos trabalhadores brasileiros. Todo acordo que você faz nunca é 100% de pleno atendimento a todo mundo. Mesmo assim, avançamos profundamente, até onde foi possível. Não podíamos esperar mais, a cada dois, três meses, morre um dos nossos. Não basta querer impor uma vontade, se não com-

preendemos este tempo de trevas da política nacional. O acordo pode ser um primeiro passo para responsabilizar as outras empresas que deixaram as digitais de seus crimes. Estamos escrevendo uma importante página na história e o acordo é uma vitória de todos os trabalhadores e da democracia.

Central Única dos Trabalhadores

O acordo é o primeiro e enorme passo para que a violação aos direitos humanos praticada pela ditadura militar e seus colaboradores civis seja reconhecida publicamente. Para as centrais sindicais que foram proponentes do inquérito civil público conduzido pelos Ministérios Públicos, o desfecho deste processo representa também um claro sinal de que não vamos nos curvar e deixar que o perigo de supressão de direitos e da liberdade volte a assombrar a sociedade. O TAC é um marco fundamental para que o Brasil comece a escrever a sua verdadeira História, com respeito à classe trabalhadora e à sociedade e com a garantia de que nenhuma violação contra os seus direitos ficará impune. O acordo nos devolve a Justiça.

Eduardo Ferreira Valério, procurador criminal do Ministério Público de São Paulo e ex-promotor de Direitos Humanos do MP-SP

O TAC representou um impacto brutal na sociedade brasileira, pois estamos falando em democracia por meio institucional. Nós, do Ministério Público, acreditamos que a maneira de se consolidar uma ordem democrática, o Estado Democrático de Direito, um estado social de direito, é pela via da institucionalidade. E houve esse reforço. No âmbito jurídico foi um precedente inédito porque, até onde sabemos, foi o primeiro TAC feito sob o marco da Justiça de Transição tendo como direito difuso ou coletivo tutelado numa perspectiva dos direitos humanos, tanto que acabou tendo uma repercussão internacional por envolver uma multinacional e também pelo caráter inédito de uma indenização difusa decorrente de violações de direitos humanos no contexto de uma ditadura civil-militar.

Eliana Brizanti, viúva de Vilmo Franchi

Não foi o acordo ideal, mas foi o possível, pois já não tinha mais como avançar nos termos negociados com a empresa. Para chegarmos a ele contamos com a participação fundamental do Sindicato dos Metalúrgicos do ABC. Se não fosse o envolvimento de Wagner Santana, presidente, o acordo não teria saído. O valor histórico é maior que a questão financeira. Os trabalhadores tinham de ser indenizados, e também teve a reparação coletiva, que vai dar continuidade a essa luta para descobrir outras empresas que violaram os direitos humanos.

Livonete Torini, viúva de Antonio Torini

O acordo foi excelente e não só para mim. Nunca pensei nessa possibilidade e sozinha nada faria nesse sentido. Mas não existe o impossível. O pessoal da Associação teve a ideia e trabalhou muito bem. A Volks é uma empresa tão grande e nós, formiguinhas, mas com o acordo nos sentimos gigantes. A assinatura do TAC foi uma surpresa muito grande. Não pedimos nada à toa. O acordo é justo e honesto. Não é uma esmola, é a justiça que foi feita.

Márcia Danhone, filha de Amauri Danhone

Quando minha mãe Tarcília começou a participar das reuniões, ela achava quase impossível a realização de um acordo. Foi um trabalho persistente da Associação, muito bem feito. Achei que demoraria mais tempo. Depois que minha mãe morreu, assumi o lugar dela. Eu era criança quando meu pai foi preso e sumiu. Foi um tempo sofrido, parei de estudar para ajudar a minha mãe. Meu pai apanhou muito e depois perdeu a audição por causa dos socos na cabeça. O acordo de reparação não vai apagar os fatos que aconteceram, mas a justiça foi feita. E foi formidável, ainda mais considerando o momento pelo qual atravessa o país.

Maria Sérgia Bellentani, viúva de Lúcio Bellentani

O maior desejo do Lúcio era ouvir um pedido de desculpas, era o que mais ele queria. Ele dizia que havia perdido a dignidade no dia em que foi preso no Departamento Pessoal da empresa. Para ele, esse era o objetivo do acordo, e a reparação financeira seria uma consequência do processo.

Neide Plagge, viúva de Heinrich Plagge

O acordo foi um passo gigantesco e ficamos muito felizes, pois esse embate entre um grupo de operários contra uma gigante multinacional parecia uma espécie de luta entre Davi e Golias. Havia uma trava em nossas gargantas até a assinatura do acordo com a Volks reconhecendo seu erro. A Associação foi correta, seguiu as regras pautadas e respaldadas pelas assembleias, e nada temos a contestar.

Pedro Antônio de Oliveira Machado, procurador da República

O TAC representa um avanço no trato do tema. É um caso inédito no Brasil de iniciativa que buscou, com relativo êxito, obter a responsabilização de uma pessoa jurídica de direito privado, uma empresa, por danos coletivos, em razão de envolvimento e apoio a crimes de violação de direitos humanos, tortura e perseguição por motivos políticos e ideológicos, colaborando com agentes de Estado. E o fato de ser uma empresa multinacional e de a imprensa alemã ter se interessado pelo caso e ter realizado um trabalho primoroso (com o documentário de TV *Cúmplices?*) trouxe visibilidade internacional ao caso e a esse tema, o que é fundamental, ao fim e ao cabo, para a democracia. Eu destacaria ainda os relatórios elaborados pelos Ministérios Públicos, que foram tornados públicos, e o próprio inquérito civil com as provas coletadas, que tem sido muito consultado por historiadores e pesquisadores.

Rosa Cardoso, advogada e ex-coordenadora da Comissão Nacional da Verdade

O processo da Volks constitui um marco na luta contra o autoritarismo e exploração econômica desenvolvidos pelas corporações durante a ditadura brasileira de 1964, abrindo caminho para a investigação de outras empresas, cúmplices ou coautoras de graves violações de direitos, de crimes de lesa-humanidade ou de crimes ambientais imprescritíveis praticados no período.

Sofia Vilela, procuradora do Trabalho

Dentro da nossa perspectiva, é um acordo histórico, um acordo possível dentro da justiça restaurativa, de reparação. Em relação às empresas, é bem importante também porque há poucas atuações contra os agentes privados nesse período da ditadura, porque no próprio sistema do Judiciário existe um sistema de prescrição, ou seja, um limite para você ajuizar ou reparar. E neste processo o que a gente defendeu é que haveria uma imprescritibilidade porque tem a ver com direitos humanos e fundamentais. O acordo serve como um precedente para buscarmos também as reparações em relação a outras empresas que cometeram o mesmo tipo de violações. Por isso houve destinação para que façam as pesquisas históricas necessárias, porque não tem como negociar casos semelhantes com uma empresa sem provas, sem documentos, sem busca das pessoas vitimadas. Enfim, o acordo, de certa forma, favorece essa pesquisa, ao mesmo tempo em que ele é um precedente em um termo de conduta firmado por uma grande empresas para, havendo provas, também ser negociado com outras.

Wagner Santana, ex-presidente do Sindicato dos Metalúrgicos do ABC

O acordo abre precedente para a gente recontar nossa história a partir do ponto de vista de quem sofreu dentro das fábricas os efeitos da ditadura e da perseguição, companheiros que tiveram suas vidas destruídas por defenderem o que pensam. Sob esse ponto de vista, o acordo é para mim tão importante quanto a Lei da Anistia. Estou há 35 anos no movimento sindical e posso dizer que esse acordo, sob o ponto de vista político, faz parte dos três melhores e mais significativos que fiz. Um deles foi a reversão de três mil demissões na Volks, outro é a decisão que a fábrica tinha tomado de fechamento da planta Anchieta e que a gente conseguiu reverter e agora este, que trouxe à tona o papel exercido por uma empresa para colaborar com o período mais sombrio e repressor vivido por nosso país.

Adonis Guerra

Acima, assembleia de trabalhadores perseguidos aprova Termo de Ajustamento de Conduta em 23 de setembro de 2020. Presidentes do Sindicato dos Metalúrgicos do ABC, Wagner Santana, e da AHP, Tarcísio Tadeu, mostram o TAC depois de assinado

José Igor dos Santos

Medalha "Lúcio Bellentani": iniciativa da AHP para homenagear defensores dos direitos humanos

José Igor dos Santos

João Bosco, Geovaldo Gomes dos Santos e Luiz Antônio Gonçalves, da executiva da Associação Heinrich Plagge

Em cerimônia no dia 20 de março de 2023, AHP entrega medalhas a (a partir da esq.): Wagner Santana (ex-presidente do Sindicato dos Metalúrgicos do ABC), advogado Raimundo Simão de Melo, procuradores Ricardo Nino Ballarini (MPT), Eduardo Ferreira Valério (MP-SP), Pedro Antônio de Oliveira Machado (MPF), Sofia Vilela de Moraes e Silva (MPT) e Marlon Alberto Weichert (MPF), Maria Sérgia de Almeida Bellentani (viúva de Lúcio Bellentani) e Sérgio França de Andrade (genro de Amauri Danhone). Participaram do evento representantes da Associação Heinrich Plagge, do Sindicato dos Metalúrgicos do ABC e da sociedade civil

A8 Política

O ESTADO DE S. PAULO

Volks vai pagar R$ 36 mi por ações durante ditadura

Montadora é a primeira empresa a fechar acordo; dinheiro vai ser destinado a ex-operários e servirá para investigar outras companhias

4. Política/Regional/Nacional

cena política

RAPHAEL ROCHA

Justiça Eleitoral mira vídeo de Verissimo

Volks pagará R$ 40 mi por perseguições na ditadura militar

Montadora assina termo em que reconhece ter ajudado com violação de direitos de ex-operários

PR-SP-00104695/2020

DIREITOS HUMANOS, EMPRESAS E JUSTIÇA DE TRANSIÇÃO: O PAPEL DA VOLKSWAGEN DO BRASIL NA REPRESSÃO POLÍTICA DURANTE A DITADURA MILITAR

RELATÓRIO CONJUNTO

MPF MPT MPSP

outubro 2020

Assinatura do TAC ganhou destaque na imprensa em setembro de 2020, assim como o relatório final dos Ministérios Públicos, que foi divulgado em 2021

Referências bibliográficas

A VIOLÊNCIA do golpe. *Memorial da Democracia.* Disponível em: http://memorialdademocracia.com.br/card/trabalhadores-cidade-e-campo#page-2. Acesso em: 29/12/2019.

A VOLKSWAGEN espionou Lula e outros líderes sindicais para a ditadura militar. *El País Brasil*, 05 de set. de 2014. Disponível em: https://brasil.elpais.com/brasil/2014/09/05/politica/1409946867_763458.html. Acesso em: 03/02/2020.

ABAL, Felipe C. Um nazista na Volkswagen do Brasil: Franz Stangl e a cooperação entre militares e industriais durante a ditadura militar brasileira. *Dimensões*, revista de História da Universidade Federal do Espírito Santo, 2017, v. 38. Disponível em: https://periodicos.ufes.br/dimensoes/article/view/16814. Acesso em: 14/02/2020.

ACKER, Antoine. A responsabilidade histórica da Volkswagen no Brasil de Bolsonaro. *Carta Capital*, 18 de abr. de 2019. Disponível em: https://www.cartacapital.com.br/opiniao/a-responsabilidade-historica-da-volkswagen-no-brasil-de-bolsonaro/. Acesso em: 27/06/2020.

ALMEIDA, Eneá de Stutz e. *A transição brasileira* – memória, verdade, reparação e justiça (1979-2021). Salvador: Soffia10 Editora, 2022.

ARANTES, José Tadeu. Estudo resgata a história do Movimento do Custo de Vida. *Agência Fapesp*, São Paulo, 04 de dez. de 2017 (http://agencia.fapesp.br/estudo-resgata-a-historia-do-movimento-do-custo-de-vida/26791/). Acesso em: 04/01/2020.

ARNS, Paulo Evaristo e outros. *Brasil*: Nunca Mais. São Paulo: Editora Vozes, 1985.

BALDOCCHI, Gabriel. A Volks e os anos de chumbo. *IstoÉ Dinheiro*, São Paulo, 15 de dez. de 2017. Disponível em: https://www.istoedinheiro.com.br/volks-e-os-anos-de-chumbo/. Acesso em: 14/02/2020.

BARBOSA, Mário dos Santos. *Sindicalismo em tempos de crise,* a experiência na Volkswagen do Brasil. Santo André: Alpharrabio Edições, 2003.

BORGES, Beatriz. Mais de 80 empresas colaboraram com a ditadura militar no Brasil. *El País*, 08 de set. de 2014. Disponível em: https://brasil.elpais.com/brasil/2014/09/08/politica/1410204895_124898.html. Acesso em: 07/02/2020.

BURATO, José. Sobre a origem da violência policial. In BUZETTO, Marcelo (org.), *Democracia e direitos humanos no Brasil: a ofensiva das direitas* (2016/2020). São Paulo: CUT, 2021.

CARVALHO, Joaquim de. Volks e ditadura: movimento das vítimas exige memorial para fechar acordo de reparação. *Diário do Centro do Mundo*, 04 de ago. de 2020. Disponível em: https://www.diariodocentrodomundo.com.br/volks-e-a-ditadura-movimento-das-vitimas-exige-memorial-para-fechar-acordo-de-reparacao/. Acesso em: 13/06/2022.

CAPUTO, Ana Cláudia; MELO, Hildete P. A industrialização brasileira nos anos 1950: uma análise da instrução 113 da Sumoc. *Estudos Econômicos*, Universidade de São Paulo, v. 39, n. 3, 2009. Disponível em: https://www.revistas.usp.br/ee/article/view/35981. Acesso em: 24/08/2021.

CASADO, José. O elo da Fiesp com o porão da ditadura. *O Globo*, Rio de Janeiro, 09 de mar. de 2013. Disponível em: https://

oglobo.globo.com/brasil/o-elo-da-fiesp-com-porao-da-ditadura-7794152. Acesso em: 14/02/2020.

CESAR, Janaina; CAVASSA, Caroline. Documento inédito mostra que número de presos nos primeiros dias do golpe de 64 pode ser quatro vezes maior. *The Intercept Brasil*, 30 de mar. de 2019. Disponível em: https://theintercept.com/2019/03/30/documento-inedito-mostra-que-numero-de-presos-nos-primeiros-dias-do-golpe-militar-de-64-pode-ser-quatro-vezes-maior/. Acesso em: 29/12/2019.

COM o resultado destas eleições todos os trabalhadores lucram. *Tribuna Metalúrgica*, São Bernardo do Campo, mar. de 1972, n. 8, p. 3.

COSTA, Edmilson. *A política salarial no Brasil*, 1964-1985: 21 anos de arrocho salarial e acumulação predatória. São Paulo: Boitempo, 1997.

CREMER, Andreas; SCHWARTZ, Jean. Volkswagen é multada por fraude em testes de emissão de poluentes. *Reuters*, 13 de jun. de 2018. Disponível em: https://exame.com/negocios/volkswagen-e-multada-por-fraude-em-testes-de-emissao-de-poluentes/. Acesso em: 21/11/2022.

CRUZ, Elaine Patrícia. Comissão da Verdade de SP começa a investigar participação de empresas na ditadura. *Agência Brasil*, Brasília, 27 de fev. de 2015. Disponível em: https://agenciabrasil.ebc.com.br/direitos-humanos/noticia/2015-02/comissao-da-verdade-de-sp-comeca-investigar-participacao-de. Acesso em: 27/07/2022.

DAS fábricas e das ruas, PT chega para mudar. *Memorial da Democracia*. Disponível em: http://memorialdademocracia.com.br/card/das-fabricas-e-das-ruas-pt-chega-para-mudar#card-210. Acesso em: 20/07/2022.

DEPOIMENTO de Lúcio Bellentani. *Centro de Memória Sindical*, 19 de jun. de 2019. Disponível em: https://memoriasindical.com.br/formacao-e-debate/depoimento-de-lucio-bellentani/. Acesso em: 12/11/2020.

DIREITOS humanos, empresas e justiça de transição: o papel da Volkswagen do Brasil na repressão política durante a ditadura militar. *Relatório conjunto do MPF, MPT e MPSP*, out. de 2020. Disponível em: https://www.mpf.mp.br/sp/sala-de-imprensa/docs/relatorio-direitos-humanos-empresas-e-justica-de-transicao-o-papel-da-volkswagen-na-repressao-politica-durante-a-ditadura-militar/view. Acesso em: 01/10/2022.

DIRETORIA da VW foi 'cúmplice' na entrega de funcionários para tortura durante ditadura, diz historiador. *Opera Mundi*, 04 de maio de 2018. Disponível em: https://operamundi.uol.com.br/politica-e-economia/49334/diretoria-da-vw-foi-cumplice-na-entrega-de-funcionarios-para-tortura-durante-ditadura-diz-historiador. Acesso em: 01/07/2020.

DITADURA ataca a greve do ABC e Lula é preso. *Memorial da Democracia*. Disponível em: http://memorialdademocracia.com.br/card/ditadura-ataca-a-greve-do-abc-lula-e-preso#card-214. Acesso em: 20/07/2022.

DEPOIS da eleição, FMI chega ao país. *Memorial da Democracia*. Disponível em: http://memorialdademocracia.com.br/card/depois-da-eleicao-fmi-chega-ao-pais#card-249. Acesso em: 20/07/2022.

DOCUMENTOS sugerem que empresas estrangeiras auxiliaram ditadura no Brasil. *Reuters*, 5 de ago. de 2014. Disponível em: https://economia.uol.com.br/noticias/reuters/2014/08/05/especial-documentos-sugerem-que-empresas-estrangeiras-auxiliaram-ditadura-no-brasil.htm. Acesso em: 04/04/2020.

DODT, Stefanie; ADERS, Thomas. Komplizen? (Cúmplices?) – A Volkswagen e a ditadura militar brasileira. *NDR* - TV pública, Alemanha, 2017. Disponível em: https://www.youtube.com/watch?v=1iWmAmvNMNg. Acesso em: 20/02/2020.

É ELEITO o último general presidente. *Memorial da Democracia.* Disponível em: http://memorialdademocracia.com.br/card/e-eleito-o-ultimo-general-presidente#card-191. Acesso em: 10/07/2022.

ELEIÇÕES: estas são as chapas concorrentes. *Tribuna Metalúrgica*, São Bernardo do Campo, n. 6, jan. de 1972, n. 6, p. 6.

EMENDÃO remove lixo autoritário. *Memorial da Democracia.* Disponível em: http://memorialdademocracia.com.br/card/emendao-remove-o-lixo-autoritario#card-8. Acesso em: 21/07/2022.

ENVOLVIMENTO com ditaduras volta a assombrar a Volkswagen. *Outras Palavras*, 07 de nov. de 2016. Disponível em: https://outraspalavras.net/blog/envolvimento-com-ditaduras-volta-a-assombrar-a-volkswagen/. Acesso em: 19/10/2022.

ENTREVISTA de Sebastião Neto. CNViva, *Instituto Vladimir Herzog*, 08 de dez. de 2016. Disponível em: https://www.youtube.com/watch?v=bqzbUnt8t-k. Acesso em: 20/02/2020.

ERICKSON, Kenneth Paul. *Sindicalismo no Processo Político do Brasil.* São Paulo: Brasiliense, 1979.

EXÍLIO é a saída para milhares de brasileiros. *Memorial da Democracia.* Disponível em: http://memorialdademocracia.com.br/card/exilio-e-a-saida-para-milhares-de-brasileiros. Acesso em: 04/01/2020.

FIGUEIREDO assume ditadura em fase final. *Memorial da Democracia.* Disponível em: http://memorialdademocracia.com.br/card/figueiredo-assume-ditadura-em-fase-final. Acesso em: 20/07/2022.

GALVÃO, Walder; NETO, Pedro Alves. 'Chegaram a ser amarrados em árvores e mantidos por dias apanhando e sendo torturados', diz procurador sobre investigação de trabalho escravo pela Volkswagen durante a ditadura. *Portal G1*, 31/05/2022. Acesso em: 29/11/2022.

GASPARI, Elio. O baú dos americanos. *O Globo*, Rio de Janeiro, 15 de jul. de 2015. Disponível em: https://oglobo.globo.com/opiniao/o-bau-dos-americanos-16760696. Acesso em: 09/04/2022.

GRAMMONT, Júlio de. Os subversivos de 1978. *Teoria e Debate*, 1998, nº 37, p. 24-31. Disponível em: https://teoriaedebate.org.br/1998/02/01/os-subversivos-de-1978/. Acesso em: 02/06/2020.

GUILHERME, Guilherme e CUNHA, Marcela Coelho. *Porão de Fábrica, a colaboração da Volkswagen com a repressão durante a ditadura*. Livro-reportagem para o Trabalho de Conclusão do Curso de Jornalismo da Universidade Metodista de São Paulo. Edição dos autores, 2018.

JORDÃO, Paulo. "Pará – Volkswagen vai ser responsabilizada por trabalho escravo". *Ver-o-fato*, Belém, 01 de jun. de 2022. Disponível em: https://ver-o-fato.com.br/para-volkswagen-vai-ser-responsabilizada-por-trabalho-escravo-decadas-de-70-e-80/. Acesso em: 29/11/2022.

KOPPER, Christopher. *A VW do Brasil durante a ditadura militar brasileira 1964-1985*: uma abordagem histórica. Bielefeld: Universidade de Bielefeld, 2017. Disponível em: https://www.volkswagenag.com/presence/konzern/documents/history/VW_B_DoBrasil_p_WEB.pdf. Acesso em: 05/03/2020.

INFORME nº 88/119/ASP/80. *Agência de São Paulo do Serviço Nacional de Informações*.

INQUÉRITO civil nº 1.34.001.006706/2015/26. *Ministério Público Federal* de São Paulo.

LEVY, Bel. Estudo analisa registro de óbitos por Covid-19 em 2020. *Fundação Oswaldo Cruz*, Rio de Janeiro, 25 de ago. de 2021. Disponível em: https://portal.fiocruz.br/noticia/estudo-analisa-registro-de-obitos-por-covid-19-em-2020. Acesso em: 20/11/2022.

LITEWSKI, Chaim. *Cidadão Boilesen*. Documentário, 2009. Disponível em: https://www.youtube.com/watch?v=yGxIA90xXeY. Acesso em: 18/02/2020.

MARTINS, Richard de Oliveira. O Centro Comunitário de Segurança do Vale do Paraíba (CECOSE/VP): Cumplicidade patronal-militar na "redemocratização". *História e Democracia – precisamos falar sobre isso*, Guarulhos, setembro de 2018. Disponível em: https://www.encontro2018.sp.anpuh.org/resources/anais/8/1530830288_ARQUIVO_CECOSEanpuhspR.Martins.pdf. Acesso em: 14/09/2022.

MENDONÇA, Ricardo. Papéis de militares expõem atuação da Fiesp no golpe de 64. *Folha de S. Paulo*, 01 de jun. de 2014. Disponível em: https://www1.folha.uol.com.br/poder/2014/06/1463226-papeis-de-militares-expoem-atuacao-da-fiesp-no-golpe-de-64.shtml. Acesso em: 03/01/2020.

MINGARDI, Guaracy. A participação da indústria paulista na repressão política – o caso Volkswagen. *Ministério Público Federal*, set. de 2017.

NASCE a OBAN, braço da tortura em SP. *Memorial da Democracia*. Disponível em: http://memorialdademocracia.com.br/card/nasce-a-oban-braco-da-tortura-em-sp. Acesso em: 03/01/2020.

NEGRO, Antonio Luigi. *Linhas de Montagem* – o industrialismo nacional-desenvolvimentista e a sindicalização de trabalhadores (1945-1978). São Paulo: Boitempo, 2004.

NOTA pública. *Ministérios Públicos Federal, do Estado de São Paulo e do Trabalho*, São Paulo, 23 de set. de 2020. Disponível em: https://www.mpf.mp.br/sp/sala-de-imprensa/docs/nota-publica-tac-volkswagen/view. Acesso em: 30/03/2021.

NOTA pública da Associação Heinrich Plagge. *Agência Sindical*, 15 de mar. de 2021. Disponível em: https://agenciasindical.com.br/nota-publica-da-associacao-henrich-plagge/. Acesso em: 30/03/2021.

NUZZI, Vitor. Ministério Público chancela acordo com punições à Volkswagen por apoio à ditadura. *Rede Brasil Atual*, 15 de jan. de 2021. Disponível em: https://www.redebrasilatual.com.br/politica/2021/01/ministerio-publico-acordo-volks-ditadura/. Acesso em: 28/03/2021.

OAB SP recebe doações para reforma do Memorial da Luta pela Justiça, símbolo de resistência às violações de direitos. *OAB São Paulo*, 29 de nov. de 2022. Disponível em: https://jornaldaadvocacia.oabsp.org.br/noticias/oab-sp-recebe-doacoes-para-reforma-do-memorial-da-luta-pela-justica-simbolo-de-resistencia-as-violacoes-de-direitos/. Acesso em: 29/11/2022.

OLIVA, Aloízio Mercadante; RAINHO, Luis Flávio (orgs.). *Imagens da Luta*: 1905-1985. São Bernardo do Campo: Sindicato dos Metalúrgicos de São Bernardo do Campo e Diadema, 1987.

ORGANIZAÇÕES de esquerda. *Arquivo Nacional*, Brasília, 05 de set. de 2017 Disponível em: http://www.arquivonacional.gov.br/br/difusao/arquivo-na-historia/697-organizacoes-de-esquerda.html. Acesso em: 03/01/2020.

PASTA 20-C-44-9072. Relatório da Delegacia Seccional de Polícia do ABCD. *Arquivo Público do Estado de São Paulo.*

PASTA 30-C-1-22485. *Arquivo Público do Estado de São Paulo.*

PASTA 50-D-007-1393. *Arquivo Público do Estado de São Paulo.*

PASTA 50-Z-30-828. *Arquivo Público do Estado de São Paulo.*

PASTAS 50-Z-341-1135 a 1138. *Arquivo Público do Estado de São Paulo.*

PCB fecha questão contra luta armada. *Memorial da Democracia.* Disponível em: http://memorialdademocracia.com.br/card/pcb-fecha-questao-contra-luta-armada#card-61. Acesso em: 13/03/2022.

PFDC homologa TAC que prevê pagamento de mais de R$ 36 milhões pela empresa Volkswagen. *Ministério Público Federal*, 15 de jan. de 2021. Disponível em: https://www.mpf.mp.br/pfdc/noticias/pfdc-homologa-tac-que-preve-o-pagamento-de-mais-de-r-36-milhoes-pela-empresa-volkswagen. Acesso em: 30/03/2021.

RAINHO, Luiz Flávio e BARGAS, Osvaldo Martines. *As lutas operárias e sindicais dos metalúrgicos de São Bernardo.* São Bernardo do Campo: Editora FG, 1983.

RELATÓRIO. *Comissão Nacional da Verdade*, Brasília, 2014 – volume 1. Disponível em: http://cnv.memoriasreveladas.gov.br/images/pdf/relatorio/volume_1_digital.pdf. Acesso em: 31/01/2020.

RELATÓRIO "Direitos Humanos, empresas e Justiça de Transição: o papel da Volkswagen na repressão política durante a ditadura militar". *Ministério Público Federal.* Disponível em: https://www.mpf.mp.br/sp/sala-de-imprensa/docs/relatorio-direitos-humanos-empresas-e-justica-de-transicao-o-papel-da-volkswagen-na-repressao-politica-durante-a-ditadura-militar/view. Acesso em: 01/10/2022.

RELATÓRIO: mortos e desaparecidos políticos. *Comissão Nacional da Verdade*, Brasília, 2014 – volume 3. Disponível em: http://cnv.memoriasreveladas.gov.br/images/pdf/relatorio/volume_3_digital.pdf. Acesso em: 31/01/2020.

RELATÓRIO: textos temáticos. *Comissão Nacional da Verdade*, Brasília, 2014 – volume 2. Disponível em: http://cnv.memoriasreveladas.gov.br/images/pdf/relatorio/volume_2_digital.pdf. Acesso em: 31/01/2020.

RELATÓRIO conclusivo sobre Amauri Danhone e outros. *Divisão de Segurança e Informação*, Ministério da Justiça, encaminhamento n. 105, 13 de mar. de 1973.

RUSSAU, Christian. A Volkswagen e a ditadura no Brasil. *Die Tageszeitung*, Alemanha, 24 de jun. de 2020. Disponível em: https://esquerdaonline.com.br/2020/06/24/a-volkswagen-e--a-ditadura-militar-do-brasil/. Acesso em: 01/07/2020.

RUSSAU, Christian. Colaboração da Volkswagen do Brasil com a ditadura militar. *Kooperation Brasilien*, Alemanha, 03 de maio de 2018. Disponível em: https://www.kooperation-brasilien.org/pt-br/temas-1/direitos-humanos-sociedade/colaboracao--da-volkswagen-do-brasil-com-a-ditadura-militar-brasileira. Acesso em: 01/07/2020.

SADER, Emir. A Esquerda e a ditadura. *Carta Maior*, 31 de mar. de 2014. Disponível em: https://www.cartamaior.com.br/?/Blog/Blog-do-Emir/A-esquerda-e-a-ditadura/2/30613. Acesso em: 03/01/2020.

SALES, Telma Bessa. *Trabalhadores em tempos de reestruturação produtiva*: Volkswagen de São Bernardo do Campo. São Paulo: Annablume/Fapesp, 2002.

SALOMÃO, Lucas. Comissão da Verdade responsabiliza 377 por crimes durante a ditadura. *G1*, 10 de dez. de 2014. Disponível em: https://g1.globo.com/politica/noticia/2014/12/comissao-da-verdade-responsabiliza-377-por-crimes-durante-ditadura.html. Acesso em: 31/01/2020.

SANCHES, Mariana. Brasil é o 4º país que mais se afastou da democracia em 2020, diz relatório. *BBC News Brasil*, 12 de abr.

de 2021. Disponível em: https://www.bbc.com/portuguese/brasil-56724695. Acesso em: 20/11/2022.

SHARP, Bob. Hallo, senhor Volkswagen. *Revista Stern*, Alemanha, 16 de out. de 1966. Versão em português disponível em: http://www.autoentusiastasclassic.com.br/2011/09/hallo-senhor-volkswagen.html. Acesso em: 19/02/2020.

SION, Vitor. Volkswagen diz que esclarecerá eventuais suspeitas sobre violações de direitos humanos durante ditadura. *Opera Mundi*, 13 de maio de 2014. Disponível em: https://operamundi.uol.com.br/politica-e-economia/35247/volkswagen-diz-que-esclarecera-eventuais-suspeitas-sobre-violacao-de-direitos-humanos-durante-ditadura. Acesso em: 27/06/2020.

SOARES, Glaucio Ary Dillon. Censura durante o regime autoritário. *Revista Brasileira de Ciências Sociais*, Rio de Janeiro, v. 4, n.10, 1989. Disponível em http://www.anpocs.com/images/stories/RBCS/10/rbcs10_02.pdf. Acesso em: 20/09/2021.

STRUCK, Jean-Philip. Relatório da Volkswagen não satisfaz vítimas da ditadura. *Deutsche Welle,* Alemanha, 14 de dez. de 2017. Disponível em: http://www.dw.com/pt-br/relat%C3%B3rio-da-volkswagen-n%C3%A3o-satisfaz-v%C3%ADtimas-da-ditadura-no-brasil/a-41803773. Acesso em: 06/06/2022.

TEÓFILO, João. Justiça de Transição: origem e desenvolvimento do termo. *Café História*, Brasília, 07 de maio de 2018. Disponível em: https://www.cafehistoria.com.br/justica-de-transicao/. Acesso em: 07/12/2022.

UNIDADE operária anula repressão na Volks! *Tribuna Metalúrgica*, São Bernardo do Campo, jun. de 1978, n. 46, p. 8.

VOLKS busca reparar apoio à repressão na ditadura. *IstoÉ Dinheiro*, 01 de nov. de 2015. Disponível em: https://www.istoedinheiro.com.br/volks-busca-reparar-apoio-a-repressao-na-ditadura/. Acesso em: 27/6/2020.

VOLKSWAGEN assina acordo para resgate histórico. *Volkswagen do Brasil*, São Bernardo do Campo, 23 de set. de 2020. Disponível em: https://www.vwnews.com.br/news/731. Acesso em: 30/03/2022.

VOLKSWAGEN: desta vez todos fizeram greve. *Tribuna Metalúrgica*, São Bernardo do Campo, jun. de 1982, n. 64, p. 6.

VOLKSWAGEN é denunciada por crimes na ditadura. *Carta Capital*, 21 de set. de 2015. Disponível em: https://www.cartacapital.com.br/sociedade/volkswagen-e-denunciada-no-mpf-por-violacao-de-direitos-humanos-7104/. Acesso em: 19/10/2022.

VOLKSWAGEN monitorou Lula e outros trabalhadores no Brasil na década de 1980. *Reuters*, 05 de set. de 2014. Disponível em: https://www.gazetadopovo.com.br/economia/volkswagen-monitorou-lula-e-outros-trabalhadores-no-brasil-na-decada-de-1980-ed2mirkhehl74w8jzgla0le8e/. Acesso em: 04/04/2020.

VOLKSWAGEN reconhece colaboração com a ditadura e ex-trabalhadores perseguidos serão reparados. *Sindicato dos Metalúrgicos do ABC*, São Bernardo do Campo, 24 de set. de 2020. Disponível em: https://smabc.org.br/volks-reconhece-colaboracao-com-a-ditadura-e-ex-trabalhadores-perseguidos-serao-reparados/. Acesso em: 24/09/2020.

VOLKSWAGEN reedita holocausto e leva suas vítimas até à morte. *Tribuna Metalúrgica*, São Bernardo do Campo, jun. de 1978, n. 49, p. 6 e 7.

WESTIN, Ricardo. Há 40 anos, Lei da Anistia preparou caminho para o fim da ditadura. *Agência Senado*, Brasília, 05 de ago. de 2019. Disponível em: https://www12.senado.leg.br/noticias/especiais/arquivo-s/ha-40-anos-lei-de-anistia-preparou-caminho-para-fim-da-ditadura. Acesso em: 04/01/2020.

30 ANOS: Batalha de Piraporinha marca greve de 1989. *Sindicato dos Metalúrgicos do ABC*, 07 de maio de 2019. Disponível em: https://smabc.org.br/30-anos-batalha-de-piraporinha-marca-a--greve-de-1989/. Acesso em: 23/06/2022.

25 ANOS da greve dos 'Golas Vermelhas' na Ford. *CUT*, 21 de jul de 2015. Disponível em https://www.cut.org.br/noticias/ha-25-anos-greve-dos-golas-vermelhas-na-ford-mudava-patamar-de-lutas-9199. Acesso em 23 de junho de 2022.

Foto feita logo após plenária em 2019, quando os associados e familiares firmaram posiç para que a Associação Heinrich Plagge realizasse negociações para garantir reparações coleti e individuais

Alameda nas redes sociais:
Site: www.alamedaeditorial.com.br
Facebook.com/alamedaeditorial/
Twitter.com/editoraalameda
Instagram.com/editora_alameda/

Esta obra foi impressa em São Paulo na verão de 2024. No texto foi utilizada a fonte Adobe Garamond Pro em corpo 11,5 e entrelinha de 15 pontos.